allitera verlag

AF171403

Angelika Mundorff M.A. studierte an der Ludwig-Maximilians-Universität München Kunstgeschichte, Archäologie und Kommunikationswissenschaften und arbeitet seit 1984 als Leiterin des Stadtmuseums Fürstenfeldbruck.

Eva von Seckendorff, Dr. phil., promovierte im Fach Kunstgeschichte an der Universität Hamburg und arbeitet als wissenschaftliche Mitarbeiterin am Stadtmuseum Fürstenfeldbruck.

Fürstenfeld-bruck
– literarisch

Herausgegeben
im Auftrag der Stadt
Fürstenfeldbruck
von
Angelika Mundorff
und
Eva von Seckendorff

Mit Beiträgen
von
Bernhard Heinzelmann
Wolfgang Kleinknecht
Johannes C. Leuschner
Angelika Mundorff
Eva von Seckendorff
Klaus von Seckendorff

Weitere Informationen über den Verlag und sein Programm unter: www.allitera.de

Dieses Buch erscheint zur Sonderausstellung
Fürstenfeldbruck – literarisch
die vom 30. April bis 10. Oktober 2004
im Stadtmuseum Fürstenfeldbruck gezeigt wird.

Besonderer Dank gilt allen Sponsoren und Förderern der Ausstellung:

Sparkasse Fürstenfeldbruck
Landkreis Fürstenfeldbruck
Bezirk Oberbayern
Historischer Verein Fürstenfeldbruck

Bibliographische Information der Deutschen Bibliothek

Die Deutsche Bibliothek verzeichnet diese Publikation
in der Deutschen Nationalbibliografie; detaillierte bibliografische Daten
sind im Internet über <http://dnb.ddb.de> abrufbar.

April 2004
Allitera Verlag
Ein Books on Demand-Verlag der Buch&media GmbH, München
© 2004 Buch&media GmbH (Allitera Verlag)
Umschlaggestaltung: Kay Fretwurst, Spreeau
Herstellung: Books on Demand GmbH, Norderstedt
Printed in Germany · ISBN 3-86520-054-0

Grußwort

Die Begeisterung für Literatur ist nach wie vor ungebrochen. Den zwingendsten Beweis dafür liefert das landesweite Großprojekt der »Literaturlandschaften Bayerns«, an dem sich das Stadtmuseum Fürstenfeldbruck mit zwei Ausstellungen, Publikationen und Lesungen beteiligt.
Wenngleich literarisch weniger hervorstechend als so mancher Nachbarlandkreis bietet unsere Region doch genügend prominente Namen und reizvolle Texte, um sich dem Thema anzunähern. So beschäftigt sich *Fürstenfeldbruck – literarisch* einerseits mit der Stadt und ihrem Umland als literarischem Schauplatz, andererseits mit den einst und jetzt hier lebenden und wirkenden Schriftstellern, wie etwa Lena Christ und Walter Kolbenhoff, dem unter dem Pseudonym Dr. Owlglass bekannten Simplicissimus-Autor Hans Erich Blaich oder der Bestsellerautorin Irina Korschunow. Angefangen mit dem frühesten literarischen Zeugnis, einer Wittelsbacher-Chronik aus dem späteren Mittelalter, spannt sich der Bogen über die anschaulichen ländlichen Schilderungen in den Heimatgeschichten des 19. Jahrhunderts und die Trümmerliteratur der Nachkriegszeit bis in das Heute.
Dem Stadtmuseum Fürstenfeldbruck ist mit der erstmaligen Aufarbeitung des Themas eine wahre Pioniertat gelungen. Umso erfreulicher ist es daher auch, dass diese Leistung in dem Ihnen nun vorliegenden Begleitbuch dokumentiert werden konnte.
Die Sparkasse Fürstenfeldbruck ist von jeher den Menschen ihrer Region, deren Belangen und kulturellen Äußerungen verpflichtet. Darum haben wir auch sehr gerne das Erscheinen dieser Publikation unterstützt und wünschen Ihnen nun viel Vergnügen und eine anregende Lektüre!

Klaus Knörr
Vorstandsvorsitzender der
Sparkasse Fürstenfeldbruck

Inhalt

9 Vorwort
11 Wolfgang Kleinknecht
Zwischen Heimat und Welt –
Literatur und Literaten in Fürstenfeldbruck

Chronisten und Reformatoren

22 Anonymer Autor der »Chronica de gestis principum« (1265–1330)
24 Johannes Albrecht Pistorius (1490–1554)
28 Johannes Mathesius (1504–1565)
31 Hieronymus Ziegler (1514–1562)
33 Martinus Balticus (1532–1600)
35 Fürstenfeldbruck als Schauplatz bei Johannes Aventinus (1477–1534)
38 Fürstenfeldbruck als Schauplatz bei Graf Michel de Montaigne (1533–1592)

Prediger und Aufklärer

42 Juan Caramuel y Lobkowitz (1606–1682)
47 Martin Dallmayr (1612–1690)
50 Balduin Helm (1645–1720)
52 Filippo Balatri (1676–1756)
54 Marcus Fri(e)dl (1684–1754)
58 Karl Förg (1755–1799)
60 Othmar Weis (1769–1843)
62 Fürstenfeldbruck als Schauplatz bei Lorenz von Westenrieder (1748–1829)
64 Fürstenfeldbruck als Schauplatz bei Graf Franz von Pocci (1807–1876)

Dichter entdecken ihre Heimat

68 Fürstenfeldbruck als Schauplatz bei Martin Greif (1839–1911)
70 Alois Frietinger (1861–1922)
71 Ferdinand Feldigl (1861–1928)
74 Fürstenfeldbruck als Schauplatz bei Erwin Schmidhuber (1866–1937)
76 Ludwig Thoma (1867–1921)
78 Fürstenfeldbruck als Schauplatz bei Georg Queri (1879–1919)
80 Lena Christ (1881–1920)

	84	Franziska Reiss (1881–1965)
	85	Hans Ernst (1904–1984)
Hinaus aufs Land – für Wochen, Monate oder Jahre	88	Hans Erich Blaich (1873–1945)
	95	Otto Falckenberg (1873–1947)
	99	Hans Carossa (1878–1959)
	101	Waldemar Bonsels (1880–1952)
	103	Else Wibel (1882–1962)
	106	Reinhold Eichacker (1886–1931)
	108	Arnold Zweig (1887–1968)
	110	Leo Brod (1905–1989)
	113	Fürstenfeldbruck als Schauplatz bei Hans Brandenburg (1885–1968)
	115	Fürstenfeldbruck als Schauplatz bei Berthold Viertel (1885–1953)
Zuflucht oder Wahlheimat	118	Paul Heinzelmann (1888–1961)
	124	Pius Santifaller (1898–1978)
	125	Walter Kolbenhoff (1908–1993)
	129	Eberhard Horst (*1924)
	131	Irina Korschunow (*1925)
	134	Martin Gregor-Dellin (1926–1988)
	137	Haydar Isik (*1937)
	139	Herbert Riehl-Heyse (1940–2003)
	141	Fürstenfeldbruck als Schauplatz bei Friedrich Christian Delius (*1943)
	143	Heiner Link (1960–2002)
Hier geboren oder aufgewachsen	146	Johannes Baptist Waas (1904–2002)
	150	Joseph Buck (1904–1977)
	152	Hermann Well (1913–1996)
	154	Horst Tomayer (*1938)
	156	Sepp Raith (*1949)
	157	Bernd Späth (*1950)
	159	Literatur
	160	Bildnachweis
	161	Fußnoten

Vorwort

Die Publikation *Fürstenfeldbruck – literarisch* ist die erste ausführliche Darstellung des literarischen Schaffens im Landkreis Fürstenfeldbruck. Auch wenn man von einer »Literaturszene« im eigentlichen Wortsinne nicht sprechen kann, ist uns eines während der Forschungsarbeiten zu diesem Buch klar geworden: Fürstenfeldbruck und seine Region waren und sind literarisch wesentlich interessanter als angenommen.
Dafür lassen sich einige stichhaltige Gründe aufführen: So konnten einige bekannte und sogar berühmte Namen mit Fürstenfeldbruck in Verbindung gebracht werden wie Lena Christ oder Arnold Zweig. Auch Namen wurden wieder entdeckt, die heute ganz oder beinahe vergessen sind, aber noch vor wenigen Jahrzehnten zu den meistgelesenen Autoren Deutschlands zählten, wie Waldemar Bonsels oder Walter Kolbenhoff. Dann lässt sich auch die große Vielfalt der literarischen Werke anführen – sie reicht von tümelnd über satirisch-intellektuell bis radikal. Nicht zuletzt ist es interessant, Fürstenfeldbruck und seine Umgebung als Schauplatz in Erzählungen und Romanen wieder zu finden.
Ausgangspunkt für die Autoren-Recherche war Rainer Schöllers Beitrag *Die Autoren im Landkreisgebiet* im Landkreisbuch Fürstenfeldbruck. Auch wenn die Liste der Autoren im vorliegenden Buch wesentlich erweitert werden konnte, sind nicht alle Autoren, die jemals hier gewohnt oder gearbeitet haben, in unserem Buch genannt. Es mag also der eine oder andere Leser seinen Lieblingsautor gar nicht oder in seinen Augen nicht angemessen vertreten sehen. Kriterium für die Aufnahme in den Reigen der vorgestellten Schriftsteller ist ein literarisches Werk, das mindestens zwei publizierte Bücher umfasst. Die Kriterien scheinen zunächst eindeutig zu sein und dennoch haben sich zahlreiche Unsicherheiten ergeben, die Qualität einzelner Publikationen zu beurteilen und auch ihre Zuordnung zur Gattung »literarisches Buch« oder »Fachbuch« zu treffen. Da viele Autoren heute nicht mehr bekannt sind oder ihre Werke nur in kleinen Auflagen und oftmals privaten

Verlagen erschienen, waren die Recherchen nicht ausschließlich von systematischem Vorgehen geprägt, sondern von zufälligen Entdeckungen. Vor allem den Hinweisen zahlreicher interessierter Bücher- und Museumsfreunde ist es zu verdanken, dass diese große Anzahl von Literaten erfasst werden konnte.

Fürstenfeldbruck – literarisch nennt mehr als fünfzig Fürstenfeldbrucker Literaten mit ausgewählten Werken in chronologischer Reihenfolge. Wir hoffen, dass unsere Auswahl vielen Menschen als Anregung dient, selbst auf literarische Entdeckungsreise zu gehen, um alte und neue Fürstenfeldbrucker Literaten kennen zu lernen.
Es lohnt sich!

Angelika Mundorff   Eva von Seckendorff

Wolfgang Kleinknecht

Zwischen Heimat und Welt

Literatur und Literaten in Fürstenfeldbruck

Literatur in der Brucker Region? Da drängt sich die skeptische Gegenfrage auf: Gibt's die? Und mancher ist nach kurzem Überlegen bereit, diese Frage unter dem Hinweis auf einige heute oder in jüngster Zeit im Landkreis lebende Autorinnen und Autoren, wie Irina Korschunow oder Martin Gregor-Dellin, mit einem eingeschränkten Nein zu beantworten. Doch die Brucker Literaturlandschaft ist vielgestaltiger, als es auf den ersten Blick den Anschein hat. Freilich werden manche der Literaten nicht mit Bruck oder der Region in Verbindung gebracht. Viele sind ganz einfach in Vergessenheit geraten, bei manchen lebt die Erinnerung in Straßennamen fort.
Gelesen werden sie heute meist nicht mehr, weder der Anonymus, der unter dem Namen »der Mönch von Fürstenfeld« zu Beginn des 14. Jahrhunderts eine wichtige Quelle zur bayerischen Landesgeschichte schrieb, noch der Arzt Hans Erich Blaich, der unter den Pseudonymen Dr. Owlglass und Ratatöskr liebenswerte Gedichte veröffentlichte, in denen ein ironischer Unterton mitschwingt, und der seine mit spitzer Feder geschriebenen Satiren meist im Simplicissimus publizierte. Vergessen ist heute der »verlorene Sohn« Brucks, Johannes Baptist Waas, dem die Bürger der Marktgemeinde seinerzeit keine Träne nachweinten, als er Ende 1932 zunächst nach Berlin und dann nach Bad Oeynhausen übersiedelte.
Die Spurensuche ist eine durchaus abenteuerliche Reise durch fast siebenhundert Jahre Geschichte. Sie beginnt beim anonymen Fürstenfelder Mönch, der im ersten Drittel des 14. Jahrhunderts die *Chronica de gestis principum* verfasste, eigenwillig und eigenständig in Stil und Perspektive. Der Fürstenfelder Mönch erzählt in diesem historiographischen Werk Geschichte nicht so, wie sie vielleicht seine Zeitgenossen empfanden, wie sie vielleicht den Herrschenden gefiel, sondern aus seiner eigenen, sehr persönlichen Sicht. Damit konnte

man anecken. Bezeichnenderweise hat sich eine Handschrift dieser Chronik nicht in der Fürstenfelder Bibliothek erhalten, sondern im Mutterkloster Aldersbach, mit dem Fürstenfeld in regem Bücheraustausch stand. Die Handschrift gilt heute als wichtige, lebensnahe Quelle zur bayerischen Geschichte. Pochte der anonyme Fürstenfelder Mönch auf seine Unabhängigkeit und wohlbegründete Parteilichkeit, als er seine *Chronica de gestis principum* verfasste, so ist knapp achthundert Jahre später ein Autor wieder dabei, zu polarisieren und sich als Marketingstratege in eigener Sache zu positionieren. Die Methoden sind fast die gleichen, die Unterschiede sind jedoch gewaltig: Dem Fürstenfelder Mönch ging es darum, die Taten der frühen Wittelsbacher so darzustellen, wie er sie sah und nicht wie es den Landesherrn recht war, dem heutigen Marketingstrategen[1] geht es darum, mit Hilfe des wohl dosierten Skandälchens den Verkauf seiner Bücher anzukurbeln.

Auffällig ist, dass das Kloster Fürstenfeld, das zu den steuerkräftigsten landsässigen Abteien Altbayerns gehörte, gemessen an seiner immensen Wirtschaftskraft erstaunlich wenig Literaten in eigenen Reihen hervorbrachte. Zwar beruft sich der letzte Abt des Klosters, Gerard Führer, in seiner Chronik auf einige im Kloster entstandene Geschichtswerke, so auf das Werk *De vita, moribus et regimine Abbatum Campi Principis* des Pater Simon Nusser[2] oder auf das Werk *Chronicon monasterii Campi Principum* des Pater Nivard Christoph[3]. Zuvor hatte Abt Johannes Albrecht Pistorius (gewählt 1538, abgesetzt 1547, gestorben 1552 als Stadtprediger in Aichach) seinen *Dialogus de fato et fortuna* geschrieben. Dieses Werk über die »Hinfälligkeit des menschlichen Glücks« war wohl nicht für die Öffentlichkeit bestimmt. Johannes Albrecht Peck, der sich den schönen Humanistennamen Pistorius gegeben hatte, übergab das Manuskript an Hieronymus Ziegler, einen lutherisch gewordenen Weltpriester[4], der es bei Heinrich Reiner in Augsburg verlegen ließ. Es erschien 1544 zunächst anonym, nach dem Tod des vormaligen Brucker Abtes kam eine deutsche Übersetzung unter dem Titel *Ein Gespräch von Glück und ewiger Ordnung oder Schickung, das man Fatum nennt* heraus mit der Autorenangabe »erstlich durch den Erwürdigen Herrn Johann Abt zu Fürstenfeld in Latein geschrieben, hernach von einem Andern ins Teutsch tranßferirt«[5].

Während des Abbiates von Martin Dallmayr wirkte für einige Monate der heute noch ziemlich verkannte spanische Zisterzienserabt Juan Caramuel y Lobkowitz im Kloster, eine paradigmatische Persönlichkeit des Barock. Juan Caramuel, 1606 in Madrid geboren, veröffentlichte in dieser Zeit zwei Werke, nämlich den *Arbor Bavarica seu Tabulae Genelogicae ab Abbatibus conscriptae* ..., mit dem er die Münchner Jesuiten, damals anerkannte Meister der Geschichtsklitterei, herausforderte und verärgerte, und die theologische Schrift *Clavis Theologiae regularis, seu regulae Juris canon. brevissima Methodo dilucidatae H. J. Caramuele Lobkowitz S. Theol.*, die er dem Fürstenfelder Abt Martin Dallmayr widmete.

Von Dallmayrs Nachfolger Balduin Helm hat sich eine in Augsburg gedruckte Sammlung erhalten, in der exemplarische Predigten zu den Sonn- und Feiertagen des Kirchenjahres versammelt sind. Es ist kaum anzunehmen, dass die Werke dieser Autoren, die im Kloster oder in dessen Umkreis wirkten, bei den Bruckern auf Interesse gestoßen sind, geschweige denn gelesen wurden. Die im Kloster entstandene Literatur ist in sich geschlossen und erzeugte allenfalls theologische Streitigkeiten. Oder im Fall Caramuel y Lobkowitz böses Blut bei den Jesuiten.

Ganz andere Sorgen plagten Karl Förg, 1755 in Fürstenfeldbruck geboren und bereits 1799 in München gestorben. Förg war kurbayerischer Beamter. Er führte den ehrfurchtsheischenden Titel »kurfürstlicher Kriegs-Haupt-Buchhalterei-Rat« und hätte eigentlich in diesen unruhigen Zeiten am Ende des 18. Jahrhunderts, in denen Bayern verelendete, in seinem Amt einiges zu tun gehabt. Doch er hatte genügend »Muße«, wie er betonte, sich der Literatur zu widmen. Hinterlassen hat er nicht nur Gedichte, Satiren, sondern auch Singspiele und Schauspiele, die zu seiner Zeit überaus erfolgreich im Hoftheater aufgeführt wurden. Hochgelobt waren seine Programme zu den Pantomimen und Balletten, die durch den kurfürstlichen Ballettmeister Pierre Le Grand inszeniert wurden. Neben seiner literarischen Tätigkeit übersetzte Karl Förg vor allem Dramen und Opernlibretti von Pietro Trapassi (1698–1782), der unter dem Namen Pietro Metastasio unter anderem *Attilio Regolo* (*Attilus Regulus*) und *Temistocle* (*Themistokles*) sowie *La clemenza di Tito* und *Didone abbandonata* schrieb. In den von Förg bearbeiteten Metastasio-Werken sowie im eigenen literarischen Schaffen, das ganz im Schatten Metastasios stand, ging es immer um einen moralisch begründeten Tugendbegriff. Die Vorbildlichkeit der auf der Bühne dargestellten Herrschergestalten war mehr als eine vordergründige Apologie des Künstlers auf seinen jeweiligen Brotherrn. Sie muss als utopisches Potenzial begriffen werden, als eine Ersatzform für eine noch ungesicherte Rechtswirksamkeit. Nicht nur der frühe Tod Karl Förgs, sondern die Folgen der Französischen Revolution sind

es, die diesen wichtigen Theatermann aus Fürstenfeldbruck so schnell in Vergessenheit geraten ließen. So verteufelte August Wilhelm Schlegel 1808 in seinen Wiener Vorlesungen über die dramatische Literatur Metastasio und seine Adepten aus einem romantisch gestärkten Bewusstsein bürgerlicher Individualität heraus und sprach von einer »schmelzenden Weichlichkeit der Gefühle«[6]. Die Aufklärer des ausgehenden 18. Jahrhunderts waren zu Beginn des 19. Jahrhunderts plötzlich zu Reaktionären geworden.

Sprachgewaltig wie kaum ein anderer in dieser Region lebender Dichter der Barockzeit war Marcus Fri(e)dl, weit gereister Pfarrer von Moorenweis und Kammerer des Dekanats Schwabhausen. Während Balduin Helms Predigt-Sammlung von Zeit zu Zeit im Antiquariat angeboten wird, fahndet man nach Werken von Marcus Fri(e)dl, die weniger wegen ihres theologischen Inhalts als durch die bildhafte, heitere Sprache bezaubern, zumeist vergebens.

Mit der Säkularisation brach für die Marktgemeinde Bruck der geistliche und geistige, kulturelle und wirtschaftliche Bezugspunkt weg. Bis sich die Residenz- und spätere Landeshauptstadt München, die Stadt der Künste und Bierkeller, als neuer Bezugspunkt etablierte, sollten noch einige Jahrzehnte vergehen. Das Koordinatensystem, in dem sich die Brucker bewegten, spannte sich zwischen den Eckpunkten Aichach, Augsburg, Friedberg, Landsberg, Weilheim, Schongau. Dieses System, das für alle gesellschaftlichen und wirtschaftlichen Interaktionen wichtig war, hatte mit dem Kloster sein wichtigstes Zentrum verloren. Es zerbrach. Die Brucker Bürger mussten sich neu orientieren und nicht nur die.

Gleiches galt für den ehemaligen aus Bayersoien stammenden Ettaler Benediktiner Othmar Weis (1769–1843), der mit der Aufhebung seines Klosters Ettal seinen Lebensmittelpunkt verloren hatte und erst 1812 die gut dotierte Pfarrstelle in Jesenwang übertragen bekam. Hier fand er die Muße, das Oberammergauer Passionsspiel in eine für lange Zeit gültige Fassung zu bringen.

Pflegte der Hohenzeller Landwirtssohn Leonhard W. Wohlgemut (1823–1889) in seinen Dichtungen, die er als Lehrer in Bayreuth vorlegte und in verschiedenen literarischen Zeitschriften seiner Zeit veröffentlichte, noch den hohen patriotischen Ton, so setzte der aus einem alten Dünzelbacher Mesner- und Schulhaltergeschlecht stammende Alois – auch Aloys – Frietinger auf eine dem Naturalismus und der Spätromantik verpflichtete Sprache. Sein Roman *Der Lüftlmaler von Oberammergau* erlebte mehrere Auflagen, zuletzt 1950 in der

Neumayerischen Verlagsbuchhandlung in Landsberg. Von größerer Bedeutung als dieser etwas schwerfällig daherkommende Heimatroman mit kunsthistorischem Hintergrund sind die oftmals mit leichter Hand hingeworfenen Skizzen und seine Jugenderinnerungen, in denen er anschaulich manche Streiche erzählt, die er als Ministrant dem Pfarrer und dem Mesner – immerhin seinem Vater – zusammen mit den anderen Dorfbuben geliefert hatte.

Die »Verbürgerlichung der Kunst« – ein Begriff, den Soziologen der 20er Jahre des vorigen Jahrhunderts prägten – begann in der Barockzeit. Sie hatte mehrere Ursachen, nicht nur die bürgerliche Emanzipation und die Überwindung des Feudalwesens, sondern vor allem den durch den technischen Fortschritt bedingten gesellschaftlichen Wandel.

Belächelte Abt Gerard Führer in seinem *Chronicon Fürstenfeldense* die Eigenart von Abt Martin Dallmayr, weil dieser noch das letzte Fitzelchen Papier in Ehren hielt und es als Beschreibstoff nutzte, so war dies nicht etwa übertriebene Sparsamkeit, sondern wirtschaftliche Notwendigkeit. Papier als Beschreibstoff war in diesen Jahren im altbayerischen Raum selten, dementsprechend teuer und musste größtenteils aus dem »Ausland«, beispielsweise aus Augsburg eingeführt werden. Erst mit den Veränderungen in den Papiermühlen, mit dem Aufkommen des Ganzzeugholländers, der die Stampfgeschirre in den

Papiermühlen ablöste, und schließlich mit dem Siegeszug der Papiermaschinen, die aus traditionellen Papiermühlen Fabriken werden ließen, stand Papier in ausreichender Menge, wenn auch nicht immer in der gewünschten Qualität zur Verfügung[7]. Verbunden damit war eine grundlegende Änderung der Publizistik. Es begann das »goldene Zeitalter« des Zeitungswesens. Dass sich in den Jahren um 1900 immer mehr zum Beruf des Schriftstellers »berufen« fühlten, hat zunächst nicht viel mit den Verlockungen der Bohème, beziehungsweise dem Bedürfnis mancher gesellschaftlicher Gruppen nach den Ideen der Bohème zu leben, zu tun, sondern mit den stark gestiegenen Chancen, auch seine Schriften veröffentlichen zu können, also ein Publikum zu finden.

Mit einiger Verspätung siedelten sich in Fürstenfeldbruck und Umgebung Literaten aller Art an, angefangen von dem gut situierten Otto Falckenberg, der sich 1903 in Emmering eine Villa errichten ließ, und Hans Erich Blaich, der es nach geraumer Zeit dank des vom Verlag Albert Langen überwiesenen »Zeilengeldes« und des Gehalts eines Pro-forma-Chefredakteurs des Simplicissimus zu einem eigenen Haus mit Garten brachte, bis hin zu Lena Christ, die

unter ihrem bürgerlichen Namen Lena Leix 1911 einige Monate in eher ärmlichen, auf jeden Fall recht beengten Verhältnissen in einer Mansardenwohnung an der Dachauer Straße in Fürstenfeldbruck lebte. Hans Carossa praktizierte 1906 in Fürstenfeldbruck. Seinen Aufenthalt in der Amperstadt nennt er in einem Brief an die Münchnerin Anna Ludovika Klotz[8] »Übergangszeit«. Die Zeit in Fürstenfeldbruck war für Carossa nicht einfach, nicht zuletzt deshalb, weil er damals immer wieder seinen bereits schwer kranken Vater in dessen Praxis in Passau vertreten musste. Schon in seiner Fürstenfeldbrucker Zeit reifte offensichtlich der Entschluss, den Arztberuf aufzugeben und sich ganz der Schriftstellerei zu widmen. Aus familiärer Rücksichtnahme – noch 1906 übernahm er die Passauer Praxis seines mittlerweile verstorbenen Vaters und lebte zusammen mit seiner Mutter in Seestetten – war dies für Hans Carossa erst ein Jahrzehnt später möglich. In diesem Jahr erschien Carossas *Die Flucht – Ein Gedicht aus Doktor Bürgers Nachlass*.

Auch Hans Erich Blaich litt unter den Bruckern, denen der Lebensstil eines Arztes, der nicht praktizierte, sondern mit dem Schreiben seinen Lebensunterhalt verdiente, gelinde gesagt suspekt war. Hans Erich Blaich reagierte heiter-distanziert. Das Gedicht *Lamento*, veröffentlicht im Band *Kleine Nachtmusik*[9] spricht Bände: »Man müßte aus Buchenholz hergestellt sein/ aus Hagebuchenholz/ und in allen Scharnieren furchterregend knarren./ Nur so behauptet man sich/ in unsres Herrgotts gebenedeitem Tiergarten/ wo die Wildsau die erste Geige spielt/ wo sie Güte, Rücksicht und andere zarte Finessen/ unbefangen in Grund und Boden trampelt/ und mit dem schmierigen Rüssel/ wühlt ... wühlt ... alles zerwühlt:/ euch Morgenstunden, in silberner Sonne schwimmend/ euch Nachmittag, wenn der braune Bach mit sich selber spricht,/ euch Abende, die ihr langschattend von blauen Hügeln heruntergleitet,/ euch Nächte, wenn fern im dunklen Feld ein fremder Vogel klagt/ und zärtliche Schneider die Flöte blasen ...« Blaich fand in diesem Anfang der 30er Jahre entstandenen Gedicht eine hintersinnige Antwort auf einige Fürstenfeldbrucker Verhältnisse.

Bruck und seine Schriftsteller. Das war nicht immer einfach. Das musste auch der Fürstenfeldbrucker Dichter Johannes Baptist Waas erleben. Er siedelte nach Berlin über, wo er deutlich mehr Anerkennung fand. Als Waas

in den späten 70er Jahren
für einige Wochen nach
Fürstenfeldbruck zurück-
kehrte, war er in seiner
Heimatstadt vergessen.
Flüchtete Johannes Baptist

Waas aus der Enge seiner Heimatstadt, so war Bruck auch immer ein Flucht-
punkt für Literaten. In den 20er Jahren, nach den Katastrophen des Ersten
Weltkrieges und der Russischen Revolution, ließen sich in Fürstenfeldbruck
zahlreiche Baltendeutsche nieder, darunter auch einige Schriftsteller. Dazu
zählte der Komponist und Parapsychologe Emil Carl Gustav Alfred Mattie-
sen, 1875 in Dorpat als Sohn eines Ratsherrn geboren und 1939 als Dozent für
Kirchenmusik in Rostock gestorben, der in seiner Fürstenfeldbrucker Zeit von
1922 bis 1925 *Balladen vom Tode, von der Liebe, Willkommen und Abschied*
und *Künstlerandachten*, sowie *Heitere Lieder – Gesänge nach Liedern von
Ricarda Huch, Liebeslieder der Hafis, Zwiegesänge zur Nacht* und *Der jen-
seitige Mensch* veröffentlichte[10].

Nach dem Zweiten Weltkrieg und in der Folge des Kalten Krieges wurde
Bruck wiederum Sammelbecken für verfolgte Literaten. Unter den Pseudonymen Traian Rovianaru, Valeriu Toporea und Joachim Erhard schrieb der aus
Craiova/Rumänien stammende, stark nationalkonservative Rechtsanwalt
Jon Valeriu Emilian, der im Brucker Westen wohnte, Novellen und Essays,
die in rumänischen Emigrantenkreisen starke Beachtung fanden, aber auch
in der rechten Szene der Bundesrepublik hochgelobt wurden[11].
Mit Pius Santifaller lebte seit den frühen 70er Jahren bis zu seinem Tod im Jahr
1978 in Fürstenfeldbruck eine Schriftstellerpersönlichkeit, die unermüdlich für
die Freiheit ihrer Südtiroler Heimat kämpfte. In seinen Brucker Jahren verfasste
er unter dem Pseudonym Irmengard von Hohenthall zahlreiche Werke.
Von ganz anderer Art als der revanchistische Jon Valeriu Emilian, der gern
auch seine Verbindungen zu politischen Kreisen spielen ließ, und der auf
seine Abstammung und sein Lebenswerk überaus stolze Pius Santifaller war
der bescheidene, stille Prager Leo Brod, der Fürstenfeldbruck zu seinem
Exilort bestimmte. Leo Brod – nicht verwandt mit dem Kafka-Herausgeber
und ansonsten mäßigen Schriftsteller Max Brod[12] – hatte sich in Prag als
Redakteur vor allem um die Vermittlung der deutschsprachigen Literatur in
der Tschechoslowakei verdient gemacht und wie Egon Erwin Kisch in seinem
bekannten *Prager Pitaval* kleine Skizzen meist historisch-anekdotischen Inhalts geschrieben. Sie wurden in verschiedenen Zeitschriften und Zeitungen
veröffentlicht. Einige dieser überaus liebens- und natürlich auch lesenswerten

Skizzen hat Leo Brod 1978 zu einem Büchlein mit dem Titel *Geschichten aus dem Böhmerland* vereinigt. Brod brachte dieses im Eigenverlag heraus.

Pars pro toto für die Schar von Schriftstellerinnen und Schriftstellern, die sich in den Jahren nach dem Zweiten Weltkrieg ansiedelten, ist Ingeborg Ackermann zu nennen, die unter dem Pseudonym Teda Bork dramatische Werke, Novellen und einen Roman veröffentlichte. Sie wohnte in Maisach. Die stille Arbeit in der Schriftstellerklause war Ingeborg Ackermanns Sache nicht. So organisierte sie zusammen mit ihrem Mann, dem späteren Europapolitiker und international anerkannten Experten für Urheberrechtsfragen Georg Ackermann, 1946/47 auf einem Bauernhof in Oberlappach mit Ensemblemitgliedern der Münchner Kammerspiele einen ersten Theaterbetrieb. Die Schauspieler waren damals über die Gage, die meist aus »Gselchtem« bestand, besonders froh. Ingeborg Ackermann gründete dann in den 50er Jahren die Junge Bühne Fürstenfeldbruck, die 1964 mit dem *Regenmacher* in der Turnhalle an der Philipp-Weiß-Schule ihren letzten Auftritt hatte.
Nicht zuletzt durch das Wirken von Friedl Brehm[13], der von 1960 an bis Sommer 1964 als Redakteur beim Fürstenfeldbrucker Tagblatt arbeitete, war der Boden in der Region für die jüngere Literatur, die auch die lange verpönte Mundart wieder entdeckte, gut bereitet. In Puchheim veröffentlichte 1975 ein »r.k.weigand« den mit Illustrationen von Ingeborg Weigand und einer Schallplatte des Ensembles »between« ausgestatten Gedichtband *biagts an stahl* und stellte unter Beweis, dass Mundartgedichte nicht nur Heile Welt-Themen zum Inhalt haben müssen: »wenn de schornstein/ si zum himmi strecka/ und eia bluat nausblasn/ nacha stoppts de maschina/ und biagts an stahl/ wiasn ham woits«. In dieser Zeit stellte Hermann Well seine Liebe zur Lechrainer Mundart unter Beweis und legte mehrere Bände mit Gedichten und Sketchen vor. Und die Münchnerin Elisabeth Rupprecht, die es nach dem Krieg zunächst nach Gröbenzell und dann nach Puchheim verschlagen hat, deklinierte in ihren Gedichtbänden das Lebensgefühl der Region, beispielsweise im Gedicht *Der S-Bahn-Pullover* oder in *Regionäre – Münchner im Exil*: »... Ein kleines Stückl vom altbairischen Hetzen bleibt halt doch immer in der Münchner Stadt, wo Kindheit und Jugend unvergesslich sind. So ein Regionär hat halt seine besonderen Freuden: Wenn er im November auf irgendeinem Vorortbahnhof langsam

die vielen Waggons mit der Aufschrift ›Circus Krone‹ herausrollen sieht: ›Da schaug her – unser Krone ist a wieder da‹ …«

Auch die »große« Literatur hat in der Region ihre Spuren hinterlassen, auch wenn die Brucker Landschaft nur selten Gegenstand der literarischen Beschreibung wurde, so bei Martin Walser, der eine Reise von München an den Bodensee schilderte und dabei dem Ampertal und insbesondere Grafrath einige Zeilen widmete. Und in Italien fand sich die Handschrift des Gedichtes *Fürstenfeld – O du des obern Amperthales Krone*, das der Kraillinger Architekt Norbert Hierl-Deronco in Italien unter den hinterlassenen Papieren des Grafen Fabio Ricciardelli entdeckte, der ab 1829 bis zu dessen Tod ständiger Begleiter des Kronprinzen und späteren Königs Maximilian II. vor allem auf dessen Reisen und bei der Jagd war[14]. »Dann kommt aus eurm wechselnd rauhen Wetter/ Auch ihr, erheiterungsbedürf'ge Städter!/ In dieß so anmuthsvolle Paradies; –/ Kommt hierher, wenn des Frühlings Knospen blühn/ Kommt hierher, wenn des Sommers Strahlen glühen/ Kommt wenn der Herbstwind lüftet Feld und Wies«, reimte der unbekannte Autor, den der Herausgeber Norbert Hierl-Deronco im Umfeld von Geibel, Heyse und Bodensted vermutet, der aber auch unter den Offizieren zu finden sein könnte, die dem Invalidenhaus vorstanden, das bis 1868 im Kloster eingerichtet war.

In Germering lebte der Mitbegründer der Gruppe 47, Walter Kolbenhoff, in Gröbenzell schrieben Martin Gregor-Dellin oder Otto Zierer, dessen Kulturgeschichte in großer Auflage erschien und zur Ausstattung jedes bürgerlichen Haushalts der späten 50er Jahre gehörte. Zu den heute im Landkreis lebenden Autoren zählt Eberhard Horst[15], der in Gröbenzell an seinen biografischen Romanen arbeitet, in Grafrath wirkte die aus Stendal stammende Kinderbuchautorin Irina Korschunow. Stellvertretend für die vielen weiteren Schriftsteller, die in der Brucker Region wohnen, sei auch an Wilhelm Höck erinnert, der für einige Jahre für die Grünen im Kreisrat saß und dessen mit großer abgeklärter Heiterkeit geschriebene Feuilletons mit Genuss zu lesen sind und in ihrer Grundhaltung hinüberleiten zu einem anderen großen bayerischen Schriftsteller, der 1967 einige Monate in Emmering wohnte: Carl Amery[16].

Literatur braucht Vermittler, Buchhändler und Verleger. Eine gewisse überregionale Berühmtheit erlangte Anfang der 30er Jahre der Brucker Buchhändler

Karl Kuhn, der sich gern, öffentlichkeitswirksam und lautstark mit den bayerischen Politikern anlegte und mehrmals wegen Beleidigung zu Geldstrafen verurteilt wurde. In den frühen 30er Jahren war in Fürstenfeldbruck auch Bruno Mahlmann mit seinem Buchverlag tätig, auch die beiden örtlichen Buchdruckereien, Sighart und Woderer, verlegten Bücher. Im Verlag Sighart gab unter anderem der Brucker Joseph Buck seine Gedichtbändchen, beispielsweise *Im Zirkelschlag* heraus. Nach dem Zweiten Weltkrieg eröffnete Paul Heinzelmann seinen bis zur Machtübernahme durch die Nationalsozialisten in Berlin angesiedelten Steinklopfer-Verlag wieder[17]. In diesem Verlag erschien beispielsweise die vom Wiener Rudolf Geist redigierte Zeitschrift »Der Steinklopfer – Zeit- und Streitschrift der Außenseiter – Radikalfreiheitliche Dichtung und Weltstimme«. Paul Heinzelmann, ein Schwiegersohn des Brucker Künstlers Henrik Moor, formulierte das Programm seiner Zeitschrift mit den Worten: »Der Steinklopfer dient keiner literarischen, keiner politischen, keiner konfessionellen, vor allem aber keiner nationalistischen und keiner antisemitischen Richtung, sondern dem freiheitlichen Leben«. In der ersten Nummer der 1953 erstmals erschienenen Zeitschrift veröffentlichte Paul Heinzelmann unter dem Pseudonym Heinz Elmann das Gedicht *Wereschtschagin* und unter dem Pseudonym Vitalis die Betrachtung *Erlesenes und Erlebtes*. In seinem Verlag gab Heinzelmann bis 1961 Werke unter anderem von Jakob Haringer, Hermann Landefeld, Monika Mann, Erich Mühsam, Hans Pflug-Franken, Adolf Scheer und Wolfgang Stickel heraus. Auch ein Brucker Autor ist in der »Steinklopfer-Reihe der Außenseiter« vertreten: Rudolf Kellner, der sich Rudolf Kellner-Bruck nannte. Zwischen 1958 und 1959 druckte Heinzelmann darüber hinaus die »Komma-Reihe« des Komma-Klubs in München-Schwabing. In dieser Reihe erschienen Texte unter anderem von Jürgen Beckelmann, Gert Ledig und Wolfdietrich Schnurre. Gert Ledig[18], 1921 in Leipzig geboren und 1999 in Landsberg am Lech gestorben, veröffentlichte in dieser Reihe den Roman *Der Staatsanwalt* und *Faustrecht*. Ledig wird als Autor gerade wieder entdeckt, in jüngster Zeit wurden die Romane *Vergeltung* und *Die Stalinorgel* und *Faustrecht* neu aufgelegt und anders als zum Zeitpunkt ihres Ersterscheinens von der Kritik gefeiert.

Vielleicht gibt nun der vorliegende Band *Fürstenfeldbruck – literarisch* den Anstoß dazu, sich mit der Literatur, die in dieser Region entstanden ist, neu zu befassen und sie einer Revision zu unterziehen. In einigen Fällen lohnt es sich ganz sicher.

Chronisten und Reformatoren

»Caenobii quis sit Fundator, amice
Si lector, quaeris: rerum primordio verbis
Absoluam paucis: attento pectore saltem
duos tibi: …«

»Wenn Du, lieber Leser, fragst, wer der Gründer unseres Klosters sei, werde ich dies von Urbeginn an in wenigen Worten erzählen: ich nenne Dir mit geschwellter Brust wenigstens zwei: …«

Pistorius (1490–1554),
Carmen de Fundatore nostri Monasterii Campi Principum & de Ducibus Bauariae ibidem sepultis
um 1517

»Wohl weiß ich, daß sich viele finden, die die Aufführung heilger Dramen tadeln. Und haltlos eitle Gründe gegen sie anführen. Sie zu widerlegen halt ich für überflüssig.«

Martinus Balticus (1532–1601), aus dem Prolog zu *Joseph*, 1579

Anonymer Autor
der »Chronica de gestis principum«

*ca. 1265 – †ca. 1330 Fürstenfeld

Der Verfasser der *Chronik von den Taten der Fürsten*[19] hat ein Werk hinterlassen, das wegen seiner spezifischen Sicht auf Kaiser Ludwig den Bayern, seiner lokalpatriotischen Perspektive bis heute eine viel zitierte Quelle ist. Was man über den Autor, dessen Name nie genannt wird, weiß, stammt aus der Chronik. Der wohl in Niederbayern (Straubing?) um 1265 geborene Mönch studierte um 1278–82 in Prag, wo er die öffentliche Reaktion auf den Tod König Ottokars von Böhmen miterlebte, trat um 1290 in das Kloster ein. Über seinen Tod weiß man nichts, er wäre aber eine Erklärung für das plötzliche Abbrechen der Chronik.

Einziges bekanntes Werk:
Chronica de gestis principum, Chronik nach 1328–30

Die sprachlich nicht sehr anspruchsvolle und oft fehlerhafte lateinische Chronik (wohl nach 1328–1330) beschreibt die Zeit von der Wahl Rudolfs von Habsburg bis zur Zeit Ludwigs des Bayern (1273–1326), bricht dann aber unvermittelt ab, scheint also unvollendet. Die *Taten der Fürsten* werden so dargestellt, wie sie sich einem einfachen Mönch, der Zu- und Abneigungen nicht verheimlichte, erschlossen bzw. ihm erinnerlich waren. So beurteilt er Ludwigs Landes- und Reichsherrschaft teils recht kritisch und bemüht sich damit um historische Objektivität. Aus seiner lokalen Perspektive, die seine gesamte Stoffauswahl und Faktenkenntnis bestimmt, kritisiert er vor allem, dass Ludwig das Land und die Region in jenen Jahren dauernd der Kriegs- und der Teilungsgefahr aussetzte, insbesondere im Thronstreit mit Friedrich dem Schönen von Habsburg (1314–1322) erst so spät die militärische Entscheidung suchte. Als Patrioten erfüllt den Autor allerdings mit Stolz, dass ein Bayer das Erbe des vom ihm hoch gerühmten Rudolf von Habsburg angetreten hatte.

Er beschreibt die Bestattungen des Klosterstifters Herzog Ludwigs des Strengen (1294) und zweier Wittelsbacherprinzen (1290 und 1312), an denen er wohl teilgenommen hat. Durch den Bruderzwist zwischen Ludwig und Rudolf von der Pfalz sei viel Schaden über die Kirche gekommen; wie viel insbesondere das Kloster Fürstenfeld in jener Zeit zu leiden hatte, könne gar nicht leicht beschrieben werden: Verlust des besten Viehs, Brand, Steuern und Truppenverpflegung, so dass es ein Wunder war, dass sich das Kloster nicht auflösen musste. Er berichtet auch von dessen Rolle in der Schlacht bei Mühldorf. Zwei Boten Leopolds seien »zufällig unweit unseres Klosters von Fürstenfeld«[20] ihrer Pferde beraubt worden, so dass sie ihre Schreiben nicht vorlegen konnten – und damit die Schlacht entschieden. Der Vorfall, der sich »mit Willen Gottes« ereignete, ging nach dieser Version aber nicht vom Kloster aus. Dies freilich wurde ihm durch die Boten vorgeworfen[21], worauf Leopold wutentbrannt befahl, es niederzubrennen; der Marschall jedoch weigerte sich, da dort die Körper vieler Heiligen ruhten. Zwar zogen die Österreicher auf die Nachricht vom Sieg Ludwigs ab, der Autor selbst aber, der in derselben Nacht den Klosterhof bei Puch bewachte, musste erleben, wie dort viele wie rasend durchzogen, die Gutshäuser anzündeten, »damit ihnen die Feuer durch die Nacht leuchteten«. Er selbst wurde gepackt und mit der Lanze gequält, zweimal wurden ihm die Kleider vom Leib gerissen. In der Freude über den Frieden verheißenden Sieg nahm der Autor diese persönlichen Demütigungen aber gerne hin[22].

J.C.L.

Johannes Pistorius

*1490 – †14. Februar 1554 Aichach

Pistorius war die schillerndste Persönlichkeit unter den Äbten von Fürstenfeld im 16. Jahrhundert. Nicht nur seine Amtszeit, sondern auch seine Person, sein Werk und seine Sympathien, die ihn in die Nähe des Kreises um Pfarrer Zacharias Weichsner führten, bezeichnen für das Kloster die frühe Reformationszeit.

Johannes Albrecht Pistorius (seinen bürgerlichen Namen »Peck«[23] legte Frater Johannes als Abt ab und nahm »Pistorius«[24] als »Künstlernamen« hinzu) ist um 1490 geboren; trat nach 1500 ins Kloster Fürstenfeld ein und studierte in Heidelberg und Ingolstadt. 1518 floh er vor den

Ausgewählte Werke:

Carmen de Fundatori nostri Monasterii Campi Principum, Gründungsgedicht, um 1517

Turris templi D. Leonardi fulminante, Gedicht, 1540

Carmina latina elegica, 1545

Dialogus de fato et fortuna cui nomen paraclitus, vere pius et doctus, 1544

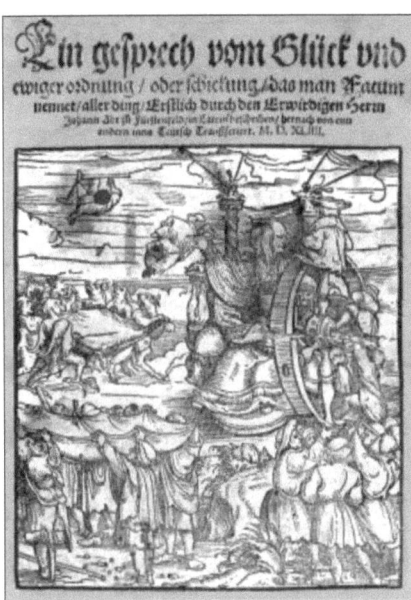

Zuständen im Kloster zu Abt Wolfgang nach Aldersbach. 1527 wird er aber Fürstenfelder Prior unter Abt Georg I. Menhart und nach dessen Absetzung 1531 Administrator des Klosters, am 30. Dezember 1538 als Johannes V. Pistor zum Abt gewählt. Auch er wird allerdings 1547 des Amtes enthoben, 1551 wegen Betrugs verurteilt. Er erhielt aber ein mildes Urteil, da die gute Absicht und die angegriffene Gesundheit Pistorius' anerkannt wurden. Der war inzwischen Stadtprediger von Aichach geworden. Seine Resignation als Abt von Fürstenfeld datiert erst vom 16. April 1552. Während der Nekrolog seinen Tod am 13. Oktober 1552 verzeichnet, gibt das Wahlinstrument seines Nachfolgers dafür den 14. Februar 1554 an.

In seinem Werk *Carmen de Fundatori nostri Monasterii Campi Principum* (um 1517) ist die Gründung des Klosters Fürstenfeld als Ruhmestat des Hauses Wittelsbach, insbesondere Ludwigs des Strengen und Kaiser Ludwigs des Bayern überliefert. Besungen werden aber auch die zeitgenössischen Herzöge Albrecht IV., Wilhelm IV. und Ludwig X.

In einem weiteren Gedicht beschrieb Pistorius einen Blitzschlag in die Wallfahrtskirche St. Leonhard in Inchenhofen. Beide Frühwerke waren auf Stein- oder Holztafeln im Kloster angebracht, das *Carmen de Fundatori* sogar am Stiftergrabmal der Wittelsbacher, und sind auch in der Klosterchronik des letzten Fürstenfelder Abtes Gerhard Führer überliefert. 1525 verfasste Pistorius mehrere Elegien zum Erhalt der alten Lehre. Sein Hauptwerk *Dialogus de fato et fortuna cui nomen paraclitus, vere pius et doctus* wurde von Hieronymus Ziegler verlegt und erschien auch in deutscher Sprache.

Im *Dialogus* geht es nicht nur um das Schicksal und seine Macht, sondern auch um die Bedeutung des Bösen in der Welt. Der »Paraclet« vertritt die christliche Erlösungstheorie gegen die Zweifel seiner Disputanten an der göttlichen Gerechtigkeit. Auffällig daran ist zum einen das zumindest »unkatholische« Bekenntnis des Autors zu einem vorbestimmten göttlichen Heilsplan, in dem die Gerechten und das Böse ihren festen Platz haben, zum anderen die ungewöhnlich deutliche Kritik an den Herrschenden, die trotz Bosheit zur Krone und zur Herrschaft der Welt gelangen konnten. Dies konnte als Majestätsbeleidigung an den Herrschern in Reich und Land aufgefasst werden und schwere Ahndung nach sich ziehen. Wohl auch deshalb ließ Pistorius die Schrift nicht in Bayern, sondern in der bürgerlich-liberalen Freien Reichsstadt Augsburg verlegen. Von daher ist sogar denkbar, dass der Abt mit den auf Erden verfolgten »Gerechten« tatsächlich die (z.B. in Bayern) unterdrückten Protestanten meinte.

Die humanistische Ausrichtung des Abtes, seine Freundschaft zum reformatorisch beeinflussten Brucker Pfarrer Weichsner und einige Passagen des *Dialogus* setzten ihn dem Verdacht der verbotenen Begünstigung von Protestanten aus. Zwar war er erst vehement für die Bewahrung des katholischen Glaubens eingetreten, hatte als Abt aber in Augsburg die Gottesdienste von lutherischen Predigern besucht, um sich über deren Lehre zu informieren, und dabei offenbar einige ihrer Ansichten übernommen.

Dem Administrator und Abt Pistorius gelang es nur zeitweise, die wirtschaftliche Situation des Klos-

ters zu konsolidieren, denn bereits nach 1536 weisen die Bilanzen immer höhere Fehlbeträge auf – bis das Kloster beinahe vor dem Ruin stand. In mehreren spektakulären Fällen, in denen jeweils auch das Ansehen des Bischofs und des Herzogs beschädigt wurden, traten die mangelnde Sorgfalt und wirtschaftliche Befähigung, ja sogar Zweifel an der moralischen Integrität des Abtes zutage. Einmal ging es um versäumte Zahlungsverpflichtungen, ein anderes Mal saß der Abt Betrügern auf. Noch nach seiner Absetzung machte er sich mit der Verwendung von gefälschten Dokumenten selbst des Betruges schuldig. Schon seine Abtwahl war und blieb kirchenrechtlich irregulär, da sie nicht unter Aufsicht des Abtes aus dem Mutterkloster Aldersbach, sondern nur eines herzoglichen Kommissärs durchgeführt und auch später nicht bestätigt worden war.

Pistorius' Absetzung erfolgte nach den Unregelmäßigkeiten und Vorfällen, angesichts des zunehmenden wirtschaftlichen Niedergangs des Klosters und eben auch wegen jener Neigungen zu protestantischen Ideen. Am 17. April 1547 erhielt Abt Johannes Zankher von Aldersbach den herzoglichen Befehl, einen geeigneten Administrator für Fürstenfeld zu suchen »Weillen h[er]r. Abbt Joannes resignieren will«[25]. Freilich kam Pistorius dieser Erwartung erst 1552 nach. In einem Brief an den Herzog verteidigte er sich wortreich gegen die Vorwürfe und zwar ohne eine Spur eigenen Schuldbewusstseins. Selbst in der Schlussformel äußert er zwar die Hoffnung, nicht den Zorn des Herzogs erregt zu haben, erwähnt aber noch hier seine Geldansprüche. Der Brief ist unterschrieben mit den Worten »Armer und gefangener Abbt Johann Zue Fürstenvelt«[26].

Pistorius war ein in den Werken der klassischen Antike außerordentlich gebildeter Mann, dichtete nach dem humanistischen Geschmack der Zeit auch selbst, wobei er sich gerne auf die Geschichte und ihren Gegenwartsbezug berief. Er war ein brillanter Rhetoriker und Prediger, sprachmächtiger Dichter und Philosoph, der die kirchlichen Missstände seiner Zeit wohl erkannte. Als Abt und Politiker allerdings handelte er oft unglücklich, ungeschickt, teils unbedarft, teils unlauter, eigennützig und selbstherrlich; noch im 19. Jahrhundert beschrieb ihn Gerhard Führer (1796–1803) als »von keinem gesetzten Charakter; flüchtig, schlau und veränderlich in seinen Handlungen«[27]. Scharfsinniger geistiger Analyse- und rhetorischer Selbstdarstellungsfähigkeit stand also eine Unfähigkeit in Diplomatie, Politik und Verwaltung gegenüber. Damit und auch mit seiner die Grenzen der katholischen Konfession überschreitenden »ökumenischen« Liberalität stand er den Plänen des zuletzt strengkatholischen Herzogshauses im Wege.

J.C.L.

Johannes Mathesius

Rochlitz bei Meißen
*24. Juni 1504
† 7. Oktober 1565 Joachimsthal

Der nachmals große Prediger Johannes Mathesius fand in Bruck, im Pfarrhofe Zacharias Weichsners, zu seinem protestantischen Bekenntnis. Als Tischgenosse Luthers überlieferte er nicht nur dessen Tischreden, sondern wurde später auch sein erster Biograph.
Als Sohn eines Ratsherrn verbrachte er seine Schulzeit in Rochlitz, Mittweida und Nürnberg und studierte zunächst in Ingolstadt (1523–1525). Während er auf Schloss Odelzhausen eine Hauslehrerstelle versah, kam er 1525–1528 öfters nach Bruck und verbrachte zuletzt ein ganzes Jahr bei Pfarrer Weichsner. In dieser Zeit schloss er sich dem

Ausgewählte Werke:

Betbuchlein oder Sarepta, 1562
Bergpostille
Historien von des ehrwirdigen in Gott seligen theuren Manns Gottes Doctoris Martini Luthers Anfang, Lehr, Leben und Sterben, 1562–65
Historia unsers lieben Herrn Heylands Jesu Christi, Druck 1568
Diluvium Mathesii, Das ist Auslegung und Erklerung der schrecklichen und hinwider gantz tröstlichen Historien von der Sündfluth, die sich zur Zeit Noe deß Predigers der Gerechtigkeit zugetragen, Druck 1597
Leichenpredigten, Druck 1581
Vom Artickel der Rechtfertigung und warer Anrueffung, Druck 1570

Bekenntnis Luthers an, bei dem er 1529/30 in Wittenberg studierte. Er lehrte zunächst in Altenburg, von 1532–1540 leitete er die Lateinschule zu Joachimsthal, die auch Balticus besuchte. 1540–1542 bereitete sich Mathesius in Wittenberg auf das Priesteramt vor und verkehrte bei Luther, der ihn 1542 selbst zum Pastor ordinierte. 1543 heiratete er, seine Gattin starb aber bereits 1555 und hinterließ ihm sieben Kinder. Ab 1545 war er in Joachimsthal nur noch als Pastor tätig, veranstaltete allerdings auch Schulaufführungen (z.B. 1558 für Kaiser Ferdinand I.). Obwohl er Rufe an die Universitäten Leipzig, Wittenberg und Königsberg sowie eine Einladung zum Konzil von Trient (1545–1563) erhielt, blieb er zeitlebens in Joachimsthal.

Bis heute ist Mathesius als der erste Lutherbiograf bekannt. Er stellte die *Historien von des ehrwirdigen in Gott seligen theuren Manns Gottes Doctoris Martini Luthers Anfang, Lehr, Leben und Sterben* in 17 Predigten dar (1562–1565). Seit 1566 wurden diese immer wieder gedruckt. Daneben veröffentlichte er seine berühmte *Bergpostille* und Leichenpredigten. Nach seinem Tod wurden mehr als 1500 seiner Predigten gedruckt.

War Mathesius in Nürnberg mit den frommen Humanisten des Umkreises von Albrecht Dürer (1493–1558) in Berührung gekommen, fand er 1525 in Bruck durch Pfarrer Weichsner und Luthers Buch von den guten Werken – wie er selbst bekundet – »sein Christentum«, den Protestantismus. »Da mich mein lieber Freund, Herr Zacharias Weichsner, Pfarrer zu Bruck an der Ammer bei Fürstenfeld, bei sich mit Tisch und sehr guten Büchern ein ganzes Jahr aufhielt, bis die Universität von Jena gen Wittenberg kam, bis ich im 29. Jahr (1529) erstlich dahin gekommen bin.«[28] »Endlich/ da er von Herrn Zacharia Weixnern Pfarrern zu Brueck an der Ammer bey Fürstenfeld/ in seinem Hause ein gantzes Jahr mit Stube/ Tisch und sehr guten Büchern versorget wurde/ und daselbst D. Luthers beide Bücher vom Abendmahl zu Gesichte bekam/ (…) wurde er dadurch in der Evangelischen Warheit immer mehr und mehr gestaercket und entschloss sich endlich von Bayern wieder weg und Lutheri wegen nach Wittenberg zu ziehen.«[29] Ob Mathesius tatsächlich Luthers Freund und Vertrauter wurde, wagte er selbst nicht zu behaupten (er nennt sich einen »Kostgänger«), immerhin scheint er von ihm aber besonders gefördert worden zu sein. In den letzten Lebensjahren plagten ihn die ständige Sorge um seine mutterlosen Kinder, wohl auch körperliche Beschwerden und insbesondere moralische und religiöse Selbstzweifel.

Mathesius zeichnete sich nicht nur durch außerordentliche Beredsamkeit aus und verstand es, seine eindringlichen Predigten mit klassischen Zitaten und fundierten (auch hebräischen) Sprach- und Bibelkenntnissen zu untermauern. Als Lehrer brachte er den Katechismus nach Joachimsthal, zugleich die humanistischen Sprachsäulen Latein, Griechisch und Hebräisch. Von sich selbst hat er bekannt, vor jeder Predigt Angst zu haben und »lieber zehen mahl zuhoeren, denn einmahl predigen« zu wollen. Dennoch wird ihm eine rhetorische Gabe zugesprochen, in der er eine Sache »mit deutlichen und gebräuchlichen Worten/schoenen und bekandten Bildern/ und guten und gereimten Gleichnissen« oder durch ansprechende Fabeln vermitteln konnte, »das gehet zu Hertzen/ hafftet auch/ und bleibet drinn und traget viel gute Früchte«[30]. Seine letzten Worte von der Kanzel waren: »Kommt heut fleißig wieder zur Predigt!«[31]; kurz darauf starb er.

J.C.L.

Hieronymus Ziegler

*Rothenburg o.d.Tauber um 1514
† 28. Januar 1562

Ausgewählte Werke:
Isaak, Schauspiel 1543, aufgeführt 1551
Christus vinea, Schauspiel, 1547
Comoedia sacra, Schauspiel, 1543
Cyrum maior, Schauspiel, 1547
Ophiletes, Schauspiel, aufgeführt 1549
Protoplastus, Schauspiel, 1543
Die fünf klugen und die fünf törichten Jungfrauen, Schauspiel, aufgeführt 1552
Herodes, Schauspiel, aufgeführt 1553

Hieronymus Ziegler gehört zu dem Kreis derjenigen Poeten und protestantisch orientierten Humanisten, die in Bruck bei Pfarrer Zacharias Weichsner zeitweise ein Zentrum fanden, und wurde so zum Herausgeber des Hauptwerkes von Johannes Pistorius. Als dessen Vorgänger an der Münchner Poetenschule kannte er auch Balticus und regte diesen zu seinem wichtigsten Werk an.

Ziegler studierte in Ingolstadt, wo er 1534 den Magister erlangte. Von 1535–1548 war er zunächst Lehrer am St.-Anna-Gymnasium in Augsburg, dann leitete er – zum Poeten angenommen – von 1547 bis 1554 die Münchner Poetenschule. Sodann wurde er als Professor für Dichtkunst nach Ingolstadt berufen, wo er schon 1540–1542 Philosophie gelehrt hatte.

Ziegler selbst galt als »einer der fruchtbareren Schauspieldichter des 16. Jahrhunderts, ohne dass die Güte seiner Leistungen im geraden Verhältnisse zu ihrer Menge stünde«[32]. Das Schauspiel *Isaak* übertrug er als einziges selbst ins Deutsche, während seine *Schöpfung* noch im 16. Jahrhundert von Meistersinger Hans Sachs (1494–1576) verdeutscht wurde. Seine übrigen Stücke hat Ziegler auf Lateinisch geschrieben und selbst übersetzt. Zu ihnen gehörte auch *Christus vinea* (1547), das er im Pestjahr 1547 just in Bruck schrieb. Ziegler soll auch Balticus die Anregung zu dessen *Joseph* gegeben haben. Bedeutender ist Zieglers Tätigkeit als Herausgeber, u.a. von Aventins *Annales ducum Boioariiae* (Ingolstadt 1554). Darin stellte Ziegler dem Werk eine der ersten Aventin-Biographien voran, den er einmal am Donauufer hatte spazieren gehen sehen. Außerdem gab er den *Dialogus De Fato et Fortuna Cui Nomen Paraclitus, vere pius et doctus* des Johannes Albrecht Pistorius heraus; allerdings hatte er das Werk zuerst in Weichsners Namen herausgeben wollen[33].

Als Schüler hatte Ziegler selbst auf der Bühne gestanden und von hier die Anregung zu Studentenaufführungen erhalten. Er strebte danach, seine Stücke auch einem größeren Kreis, etwa im Rathaus oder der Residenz zugänglich zu machen, indem er sie übersetzte und auf Lateinisch und Deutsch aufführte. Nach der Aufführung erhielten Lehrer und Schüler ein Geldgeschenk sowie kostenlosen Trank in der Trinkstube. Mehrfach finden sich in den Ratsakten Vermerke über die Titel der aufgeführten Stücke Zieglers[34] und Balticus'[35] sowie den gezahlten Betrag von 12–13 Talern. Einmal sollen dabei über 37 Maß Wein getrunken worden sein.

J.C.L.

Martinus Balticus
alias Illyricus

*München 1532 – †1600 Ulm

Getreu seinen großen protestantischen Vorbildern Mathesius und Melanchthon verkörpert Balticus das Ideal des humanistischen Lehrers, der sich nicht nur in der Weitergabe von Wissen an seine Schüler und ihrer Erziehung aufarbeitete, sondern auch vermochte, lateinische und deutsche Sprache selbst in Vollendung zu gestalten und darzustellen, also wahrhaft dichterische Anlage zu beweisen. Dabei blieb er seinem eigenen religiösen Gewissen und Glauben stets treu – auch wenn es für ihn Anfeindung und Demütigung bedeutete.
Martinus Balticus »Illyricus« (1532–1600), dessen bürgerlicher Name

Ausgewählte Werke:
Adelphopolae, Drama, 1554 (1579 durch Balticus selbst als *Joseph* übersetzt)
Daniel, Drama, 1556
Tobias, 1558
Abraham und sein Sohn Isaak, 1588
Christogonia, 1588
Senacherib, Tragödie, 1590
Drei Gedicht- und Epigrammbände

unbekannt ist[36], wurde um 1532 bei München (vor der Stadt an der Isar) geboren und verbrachte seine Jugend in Bruck. Sechs Jahre lebte er in Joachimsthal (Böhmen), wo er bei Mathesius lernte. Von hier reiste er nach Wittenberg, wo Philipp Melanchthon sein Lehrer war. 1553 kehrte er nach München zurück und wurde zunächst Schulmeister zu St. Peter; 1554 übernahm er von Hieronymus Ziegler die Leitung der »Poetenschule«. Diesen Posten musste er 1559 wegen seines Protestantismus aufgeben und München verlassen[37]. Zwischen 1559 und 1592 leitete er eine Lateinschule in Ulm, wo er sich u.a. für das Schultheater und einen neuen Lehrplan sehr engagierte, auf Betreiben seiner Neider aber auch diese Stellung verlor.

Aus seinen Dramen, Gedichten und Epigrammen lassen sich wichtige autobiografische Aufschlüsse gewinnen, etwa seine Haltung zur (Poeten-)Schule oder der Schlechtigkeit, Gier und Gottlosigkeit seiner Zeit. Oft spricht er seinen innigen Dank an seine Gönner aus, worin sich Balticus mit Horaz verglich. In Ulm übersetzte er eigene und fremde lateinische Stücke, wobei er wie Luther großen Wert auf die Reinheit der deutschen Sprache legte. 1588 kam *Abraham und sein Sohn Isaak* sowie *Christogonia* heraus, eine dramatisierte Darstellung der Geburt Christi und ihrer Vorgeschichte nach der deutschen Lutherbibel. 1589 erschien *Senacherib*, eine Tragödie von Herodes (Druck 1590), worin er polemisch die antike Judenverfolgung mit der Protestantenverfolgung seiner Zeit verglich.

Die Naturschönheit der Isarauen und Altbayerns prägten Balticus zeitlebens. Als Bub schätzte er auch Bruck und dessen eigene Schönheit an der »vielgerühmten« »grauen« Amper und sein seinerzeit geschäftiges Leben als Verkehrsknotenpunkt zwischen Augsburg und München. Maßgebliche Prägung erfuhr auch er durch Zacharias Weichsner und vergaß ihm dies nie. Hier lernte er Mathesius kennen, dem er nach Böhmen folgte. Durch Melanchthon wandte er sich endgültig dem lutherischen Protestantismus zu.

Noch nach der Zuchtordnung von 1569 waren die Kinder »vorderist zu aller Christlichen Zucht, Erbarkeit vnnd Gottsforcht« anzuhalten bzw. schon die »vnschuldige jugent« davor zu schützen, dass sie »vnwissender ding auff Secten vnd irrige mainungen abgeführt werde«[38], weshalb jeder lutherische und andere »sectische Catechismus« (etwa Melanchthon) in Lehre und Druck verboten war. Dank einflussreicher Gönner hatte Balticus trotz seiner protestantischen Neigungen in München Fuß fassen können. Als Herzog Albrecht V. die Jesuiten 1559 nach München holte und damit eine Wendung hin zu einer strengen »katholischen Restauration« vollzog, fiel auch Balticus, obwohl er unter den Münchnern und im Rat hoch angesehen war, diesen Regeln zum Opfer.

J.C.L.

Fürstenfeldbruck als Schauplatz bei **Johannes Aventinus (Turmair)**

* Abensberg 7. Juli 1477
† 9. Januar 1534 München

Aventin gilt als Bahnbrecher der modernen Geschichtsschreibung, als der Erste, der begann, Geschichte auf Deutsch für das Volk und seine moralische Belehrung zu schreiben, indem er die Ereignisse – auch die um das Kloster Fürstenfeld – im Rahmen eines großen ethischen Prinzips in ihren Zusammenhang zu bringen suchte. Er wurde 1477 im niederbayerischen Abensberg (lat.: »Aventinum«) geboren, studierte ab 1495 in Ingolstadt, empfing die höchste der niederen kirchlichen Weihen[39], gab den Priesterberuf aber auf. In Wien, Krakau und Paris vollendete er sein Studium. 1509 wurde

Ausgewählte Werke:
Grammatica omnium utilissima brevissima, 1512
Lehrbuch für Musik, 1516
Annales ducum Boioariae, 1519–1521 (als *Bairische Chronik* ins Deutsche übersetzt und erweitert, 1522–1533)

er zum Hauslehrer der Brüder von Herzog Albrecht IV. berufen. 1517 wurde »Meister Johann Aventinus« zum Hofhistoriker ernannt und mit der Abfassung einer Geschichte des Herzogtums beauftragt.

Vor seinen berühmten *Annales ducum Boioariae* (1519–1521), die er kurz darauf als *Bairische Chronik* ins Deutsche übersetzte und erweiterte, hatte Aventin schon einige bedeutende Werke verfasst. Historische Abhandlungen über einzelne Orte folgten, viele dieser Werke sind allerdings verschollen. Ein geplantes Geschichtsbuch für ganz Deutschland kam zum Ende seines Lebens nicht mehr zustande.

Mehrfach wird Fürstenfeldbruck zum Schauplatz bei Aventin, sei es, dass Abt Volkmair, engster Berater des Herzogs, als Quelle genannt wird; als Reisestation für österreichische Herzöge, als Grab Ludwigs des Strengen und seiner Gemahlin, im Vorfeld der Schlacht bei Ampfing (Mühldorf), als Herzog Leopold die Klöster und Märkte Dießen und Fürstenfeld vorübergehend einnahm, zum Tod Ludwigs des Bayern bei Puch und dessen Überführung nach Fürstenfeld und München. Als Chronist reiste Aventin weit herum, um in Archiven und Klosterbibliotheken eine vor ihm nicht erreichte Materialfülle zusammenzutragen. Dabei wird er auch die verschollene Chronik Volkmairs in Fürstenfeld eingesehen haben.

Dem Zeitgeist entsprechend übte Aventin an der kirchlichen Hierarchie, am Mönchtum und am Klerus, an dessen vermeintlicher Lasterhaftigkeit und Unwissenheit heftige Kritik. Durch einzelne Klöster wurde ihm dafür vorgeworfen, ihre Archive bestohlen zu haben. Doch prangerte er auch Eigennutz und Müßiggang des Adels, den Beamtenstand und alle Staatsdiener an, die dem Volk nicht halfen. Als größte äußere Feinde Deutschlands galten ihm der Papst, Franzosen und Türken, umso offener bekannte er sich patriotisch zu Kaiser und Reich.

Er war in der antiken, mittelalterlichen und zeitgenössischen Literatur sehr belesen, beherrschte das Lateinische, Griechische und wohl auch das Hebräische. Hinzu kommt die Kenntnis der mundartlichen Überlieferung, der Etymologie und Volkskunde, Geographie, Heraldik und Genealogie. Die deutsche Sprache bemühte er sich unter größtem Aufwand frei zu halten von fremdsprachlichen Einflüssen, wobei er selbst gängige lateinische Ausdrücke (antike Ämter, Namen und wissenschaftliche Begriffe) krampfhaft zu verdeutschen suchte. Lorenz Westenrieder hat ihm vorgeworfen, mit seinen Quellen zu unbefangen umzugehen, wenn er etwa das Wittelsbachergeschlecht bis ins biblische Altertum zurückführte und sich dabei auf eine gefälschte Quelle bezog. Außerdem pflegte er historischen Personen Aussagen in den Mund zu legen, die sie zu ihrer Zeit kaum so gesagt haben würden oder die seine eigene Meinung wiedergaben – also eklatante Anachronismen zu produzieren.

Nach 1528 wurde ihm sein Kontakt zu reformationsfreundlichen Freunden, die »ob evangelium« (wegen der neuen Lehre) inhaftiert wurden, zur Gefahr. Vormals ein eifriger Katholik, hatte er sich vom alten Glauben ab- und der Reformation zugewandt. Er wurde kurzzeitig inhaftiert und sein Verhältnis zum Herzogshaus blieb nachhaltig getrübt: Noch nach seinem Tod wurde der Druck seiner historischen Hauptwerke lange behindert. Umso größere Verbreitung und Nachruhm fanden sie (etwa bei Leibniz und Goethe) bei der Nachwelt.

J.C.L.

Fürstenfeldbruck als Schauplatz bei
Graf Michel de Montaigne

*Schloss Montaigne (bei Bordeaux) 28. Februar 1533
†13. September 1592 ebd.

Am 19. Oktober 1589 übernachtete der französische Philosoph und Bürgermeister von Bordeaux, Michel de Montaigne, in Fürstenfeldbruck. Er schreibt in seinem Reisebuch:
»Wir durchzogen eine sehr schöne und getreidereiche Gegend und kamen zur Nacht nach Bruck (an der Amper), fünf Meilen davon, einem großen, schöngelegenen katholischen Dorf, im Herzogtum Bayern. Am nächsten Morgen, Donnerstag, den 20. Oktober, reisten wir weiter durch eine große mit Getreide bestandene Ebene (denn Wein gibt es dort gar keinen), darauf durch eine Grassteppe, die sich ausdehnte,

Ausgewähltes Werk:
Tagebuch einer Reise Michel de Montaignes durch Italien, die Schweiz und Deutschland in den Jahren 1580 und 1581, 1774

Sekundärliteratur:
Dr. Owlglass, *Montaigne reist durch Bruck*, erschienen in der Festzeitung zur Stadterhebungsfeier der Stadt Fürstenfeldbruck vom 4. Juli 1936

so weit der Blick reichte, und kamen zum Mittagessen nach München.«⁴⁰

So unspektakulär diese Erwähnung Fürstenfeldbrucks im Reisetagebuch des Philosophen Montaigne durch Süddeutschland, die ihn über Schaffhausen und Augsburg eben auch nach Bruck führte, auf den ersten Blick erscheint, so lassen doch schon seine Bemühung, das Etappenziel zu charakterisieren, seine ureigene Beobachtungsbeflissenheit und darin die neue Naturwahrnehmung des Humanismus erkennen. Da es in dieser Zeit im kleinen Marktflecken Fürstenfeldbruck mit großer Wahrscheinlichkeit noch kein Gasthaus gab, muss davon ausgegangen werden, dass die Reisenden im Kloster Fürstenfeld unterkamen.

Michel de Montaigne bereiste zwischen 1580 und 1581 Süddeutschland, die Schweiz und Italien. Auf dieser Reise führte er ein höchst aufschlussreiches Reisetagebuch, das erstmals 1774 unter dem Titel *Tagebuch einer Reise Michel de Montaignes durch Italien, die Schweiz und Deutschland in den Jahren 1580 und 1581* erschien. Die Seiten, die sich der Reise durch Süddeutschland widmen, sind nicht besonders üppig, doch spiegelt sich in Montaignes Anmerkungen das Interesse eines Kulturhistorikers an aufschlussreichen Details über Ess- und Trinkbräuche, über Kleidung, Klima, Preise, den Zustand der Wirtshäuser, die Gastlichkeit und den Charakter der Bewohner und sogar über die Ausstattung der Häuser. So liegt der besondere Wert des Tagebuchs darin, dass man wie sonst nirgends Einblick in das Alltagsleben des reichen Deutschland im 16. Jahrhundert erhält, bevor sich im 17. Jahrhundert die Zerstörungen des 30-jährigen Krieges dramatisch auswirkten.⁴¹ Mit seinen vorurteilsfreien Beobachtungen des Menschen steht Montaigne am Anfang der Tradition der französischen Moralisten.

Montaigne ist einer der bedeutendsten Vertreter des französischen Renaissance-Denkens. In seinen *Essais* schuf er das erste Beispiel einer weltoffenen Laienphilosophie gegenüber allen großen philosophischen Themen (Philosophie, Politik, Geschichte, Religion, Sittengeschichte, Lebensführung etc.) und begründete damit eine neue literarische Gattung und Denkform. Dieses Denken dokumentiert sich auch in seinem Reisetagebuch, und seine Erwähnung von Bruck ist hierfür beispielhaft.

Michel Eyquem de Montaigne, auf dem gleichnamigen gräflichen Schloss in der Dordogne geboren, erhielt eine humanistische Schulbildung und studierte Rechtswissenschaften in Toulouse und Bordeaux, wo er 1557–1570 Parlamentsrat und von 1581–1585 Bürgermeister war. 1571 begann er auf seinem Schloss mit der Aufzeichnung seiner *Essais*.

Montaigne beobachtet den Menschen und sich selbst mit dem Ziel, unsere Erkenntnisgrenzen (zusammengefasst in der Frage: »Que sais-je«?) sowie die menschliche Unvollkommenheit und Kreatürlichkeit zu begreifen. Diese Haltung machte ihn zum Begründer des neuzeitlichen Skeptizismus. Anderseits gewann er dadurch eine neue Form geistiger Unabhängigkeit: gegenüber Leben oder Tod, gegenüber jedem Zwang zur Anhäufung von Wissen wie auch jedwedem religiösen Dogma oder politischem oder revolutionärem Radikalismus. Diese geistige Freiheit – bei gleichzeitig geflissentlicher Auseinandersetzung mit großen moralphilosophischen Themen – ließ ihn zugleich zu einem Begründer der Moralistik (im Sinne der Beobachtung von Sitten und Gebräuchen) und frühen Wegbereiter der Aufklärung werden. Dank dieser Einstellung wurde er in der Zeit der politisch-religiösen Glaubenskriege nicht zuletzt zum wertvollen Vermittler zwischen den Parteien.

J.C.L.

Prediger und Aufklärer

»Da muß ich aufrichtig bekennen/ dise Predigen haben schier die Arth einer Spannischen olla podrida, daß ist allpadriten-Suppen wie man es insgemein nennet/ da werden tausend Kreuter-Schwammen/ Thier/ fliegend/ und kriechend hineingekocht/ alle mixta und simplicia[42], und sie finden guten Geschmack/ wo sonst nichts mehr schmeckt. Große Prediger haben etwas von diser Arth … Und sie wissen ihre affrikanische/ Rhabarbara also einzukochen/ dass es gleichwohl auf die Zungen beißt/ und zu weilen auch innerlich gutting angreifft.«

Marcus Fri(e)dl (1684–1754), *Die Arth der Predigen*, 1753

Hier liegt ein kleiner Tölpel und Kastrat,
er ritt zu weit, dann fiel er auf die Nas'.
Aus Pisa kam er angereist und hat
sein Grab nun hier in diesem Meer aus Gras.
Er kann nicht mehr erzählen, was er tat
(könnte er es, die Leute würden blass!).
Doch immerhin: zum Lande der Tataren
ließ Gott den Armen hier Begrabnen fahren.

Filippo Balatri (1676–1756), *Vita e Viaggi*, 1725–1732

Juan Caramuel y Lobkowitz
Graf von Zen

*Madrid 26. Mai 1606
†8. September 1682 Vivegano

Ausgewählte Werke:
Steganografia o Arte de escribir en cifra, Brüssel 1635
Declaration mistica de las armas de Espana invictamente belicosas, Brüssel 1636
Defensa de la Monarquia y respuesta al manifiesto de Portugal, Antwerpen 1642
Arquitectura civil, recta y oblicua, Vivegano 1678

Was für ein Leben! Welche Fülle! Juan Caramuel y Lobkowitz war nicht nur der Mann zur rechten Zeit am rechten Ort, sondern auch der Mann für alle Fälle. Die Einkünfte aus der spanischen Grafschaft Zen hätten ihm eigentlich genügt, um das geruhsame, meditative, feudale Leben eines Landadeligen mit all seinen Zerstreuungen wie Jagd und Stierkampf zu führen, allein die Familie und das Fatum wollten es anders. Nichts war es mit dem Wahlspruch spanischer Picarden und Landedelleute »El gusto me lleba«, etwa »Leben und Leben lassen«. Juan Caramuel y Lobkowitz wurde zur paradigmatischen Persönlichkeit des Barock und zum größten spanischen Wissenschaftler seines Jahrhunderts. Dass er erst in jüngster Zeit wieder entdeckt und sein Werk neu bewertet wird, verdankt er unter anderem jenen Physikern, die Einsteins Lehre weiterentwickeln und Mathematikern, die sich mit der Chaostheorie auseinander setzen. Aber der Reihe nach. Geboren in Madrid in dem Jahr, in dem der spanische Hof von Valladolid in die spanische Hauptstadt zurückkehrte. Der Vater, Lorenzo Caramuel, war ein aus den spanischen Niederlanden stammender Ingenieur und vor allem auch Festungsbaumeister, die Mutter Catalina de Frisia stammte aus der seinerzeit politisch überaus einflussreichen böhmischen Uradelsfamilie Lobkowitz. Schon in früher Kindheit zeigte Juan Caramuel y Lobkowitz eine besondere Begabung für Sprachen. Am Ende seines Lebens sollte er 20 verschiedene Sprachen beherrschen. Besondere Stärken offenbarte er auch in der Mathematik. Erzogen von Zisterziensermönchen, zeichnete er astronomische Tafeln, schrieb Gedichte und Anagramme. Ein rechtes Wunderkind, könnte man meinen.[43]

Zusammen mit Juan Eusebio Nieremberg, dem später berühmten Jesuitenwissenschaftler, besuchte er die Universität Alcalá de Henares und trat, wohl auf Anregung der Mönche Atanasio Cuchis und Christómo Cabero, in den Zisterzienserorden ein. Sein Heimatkloster wurde die bedeutende Abtei La Espina in der Diözese Valencia. Und dieses Kloster schickte ihn zu weiteren Studien an die Universität Salamanca. Dort studierte er bei dem Zisterziensermönch Angel Manrique (1557–1649), dem Hausarchitekten des Zisterzienserklosters Salamanca und späteren Bischof von Badajoz, Theologie. Manrique wusste offensichtlich auch das Interesse für Architektur in Juan Caramuel zu wecken.

Die wissenschaftliche Karriere Caramuels begann zunächst als Professor an Zisterzienser-Kollegien in Palazueles und Alcalá, die gesellschaftlich-diplomatische dann am Hof des Infanten Don Fernando, des spanischen Statthalters in den Niederlanden. Er wurde Titularabt des schottischen Klosters Melrose. Gleichzeitig wurde er Generalvikar der britischen Zisterzienser. Ämter, die er innehatte, ohne jemals England zu betreten haben, die jedoch bedeutende Einkünfte brachten. Und bald bekam er die Gelegenheit, sich auch im Krieg zu bewähren. Er verteidigte erfolgreich die Stadt Louvain gegen die sie belagernden französischen Truppen. Über alldem hatte er Zeit, sich in die berühmte philosophisch-theologische Kontroverse mit den Jansenisten zu werfen. Die Debatte wurde erbittert geführt. Der Jansenit Alfonso Maria de Liguri verpasste ihm den nicht gerade ehrenvollen Titel

»Princeps laxitarum«, »Fürst der Possen«. Seine Anhänger feierten ihn dagegen als »Princeps eruditorum«, »Fürst der Belehrung«.

1644 ernannte König Philipp IV. ihn zum Abt von Disdondenberg und der Erzbischof von Maguncia, Anselmo Casimiro, berief ihn mit dem Titel Bischof von Misia zu seinem Stellvertreter. In den Wirren des 30-jährigen Krieges diente Juan Caramuel als Diplomat. Im Herbst des Jahres 1645 kam er offensichtlich in einer diplomatischen Mission nach Bayern und nahm im Kloster Fürstenfeld vorübergehend seinen Wohnsitz. Hier erarbeitete er den *Arbor bavarica iuxta tabulas, et lapides fürstenfeldense*, gewissermaßen als Entree für den Münchner Hof. Das genealogische Werk, das sich in der Bayerischen Staatsbibliothek in zwei Handschriften erhalten hat, übergab Juan Caramuel y Lobkowitz dem Kurfürsten Maximilian, der es – so Gerard Führer in seiner Chronik – mit der Äußerung, er werde es durchsehen, annahm. Zuvor hatten die Münchner Jesuiten das Werk begutachtet, die Caramuels schmeichelhafte These, das bayerische Herrscherhaus stamme von einem armenischen Königssohn namens Bavarus ab, der 84 v. Chr. nach Bayern gekommen sei, nicht teilen konnten, hatte doch schon zuvor der Jesuit Andreas Brunner (1589–1650) in seiner Landeschronik die Abstammung des bayerischen Herrscherhauses unter einigen Klimmzügen auf Karl den Großen zurückgeführt[44]. Das Werk Caramuels sei von den Jesuiten ohne Zensur zurückgekommen, meldet Führer in seiner Chronik. Außerdem schrieb der spanische Zisterzienserabt in Fürstenfeld die theologische Abhandlung *Clavis Theologiae regularis, seu regulae Juris canon. brevissima Methodo dilucidate H. J. Caramuele Lobkowitz S. theol. D. Anno MDCXLVI*, die er dem Fürstenfelder Abt Martin Dallmayr widmete. Während seines Aufenthalts in Fürstenfeld kam der Spanier auch noch anderen Aufgaben nach, so visitierte er das Fürstenfelder Priorat Inchenhofen und gab Abt Martin Dallmayr die Anregung, für eine genaue Aufzeichnung und Verkündung der Wundertaten des Heiligen Leonhard zu sorgen. Außerdem solle eine Bruderschaft zu Ehren des Heiligen gegründet werden. Beiden Anregungen aus dem Visitationsprotokoll kam der Fürstenfelder Abt nach.[45] Abt Martin Dallmayr gab im gleichen Jahr der Bestätigung der Bruderschaft durch Papst Alexander VII. ein Mirakelbuch heraus.

Eine weitere diplomatische Mission führte Juan Caramuel y Lobkowitz 1647 an den kaiserlichen Hof nach Wien, die für ihn äußerst erfolgreich war. Er wurde zum Abt des Montserrat-Klosters in Wien ernannt und schließlich zum Vorsteher des Prager Emmaus-Klosters berufen, letztlich wurde er Generalvikar für Böhmen. In Prag lieferte er die Pläne für die Verbesserung der Verteidigungsanlagen. 1648, als die Stadt von schwedischen Truppen belagert wurde, stand er an der Spitze einer bewaffneten Schar von Priestern und Mönchen. Nachdem die kaiserlichen Truppen die Schweden vor Prag besiegten, wurde er zusammen mit dem Grafen Rudolfo Coloredo und dem kaiserlichen Feldherrn Inocencio de Conti mit dem höchsten Militärorden ausgezeichnet.

Doch nicht nur auf militärischem Gebiet war Juan Caramuel y Lobkowitz erfolgreich. Seine Predigten bewegten rund 30 000 Böhmen zur Rückkehr in den Schoß der katholischen Kirche. Er forderte, die reumütigen Häretiker mit Nachsicht zu behandeln und kam hier wiederum in Konflikt mit den Jesuiten, die eine strenge Bestrafung für notwendig hielten. Später beschuldigten sie ihn deswegen der Laxheit. Caramuel wurde schließlich zum Bischof von Königsgrätz berufen, konnte aber der Kriegsumstände wegen dieses Amt nicht antreten. Als 1654 sein Freund Fabio Chigi zum Papst Alexander VII. gewählt worden war, reiste der umtriebige Zisterzienserabt umgehend nach Rom. Er erhoffte sich wohl eine Pfründe an der Kurie. Er wurde Berater des Heiligen Offiziums, 1657 kam es zu Differenzen mit dem Papst. Papst Alexander VII. meinte damals, er sei zwar ein »uomo d'ingenio, ma pocco prudente«, also Mann von Geist, aber nicht sehr vorsichtig.

Auf Vermittlung des spanischen Königs wurde ihm das Bistum Vivegano bei Mailand übertragen und einige Jahre danach noch das Bistum Campania im Königreich Neapel. Seine Hoffnung auf Kardinalspurpur erfüllte sich nicht. In Campania und später in Otranto schrieb er seine wichtigsten Werke. Er starb in Vivegano und ist dort beigesetzt.

Juan Caramuel y Lobkowitz polarisierte, er eckte überall an. Schon bei seinem Streit mit den Jansenitan stieß er auf harsche Kritik, damals entstand der *Anti-Caramuel*. In diesem anonymen Werk, das auch Gerard Führer in seiner Chronik zitiert, wird der Zisterzienser als durchaus witzig, scharfsinnig bis zum achten, höchsten Grad, eloquent bis auf den fünften, aber kaum bis auf den ersten Grad verständlich, charakterisiert. Ein Urteil, dem sich viele Zeitgenossen anschließen konnten.

Zwar wurden zu Lebzeiten Caramuels zahlreiche Werke publiziert, so die *Declaration mistica de las armas de Espana invictamente belicosas* (Brüssel 1636), *Steganografia o Arte de escribir en cifra* (Brüssel 1635), *Defensa de la Monarquia y respuesta al manifiesto de Portugal* (Antwerpen 1642) oder das bedeutende architekturtheoretische Werk *Arquitectura civil, recta y oblicua*

(Vivegano 1678) und schließlich das berühmte Büchlein *Biceps mathesis*. In diesem 22-seitigen Büchlein beschreibt er als Erster das binäre Zahlensystem und stellt auf der Grundlage der Moraltheologie eine Theorie des Zufalls auf. Die Frage »Würfelt Gott?« stellte sich für ihn nicht. Er versuchte aber eine Antwort zu geben, wie Zufälligkeiten vorhergesagt werden können, ohne Gottes Willen zu verletzen. Das Ganze hatte einen praktischen Hintergrund: Durch den 30-jährigen Krieg waren die Staatsfinanzen in fast allen europäischen Ländern derart zerrüttet, dass nach neuen Geldquellen Ausschau gehalten werden musste. Gerade in kleineren Staatswesen boten sich Lotterien an. Caramuel y Lobkowitz wollte auf der Grundlage des binären Zahlensystems den »göttlichen Gesetzmäßigkeiten« des Zufalls auf die Spur kommen, um eine möglichst große Wertschöpfung bei einer vom Staatswesen aufgelegten Lotterie zu erreichen. Die veröffentlichten Werke sind nur ein Bruchteil des von ihm Verfassten. Das Diözesan-Archiv Vivegano bewahrt einen Großteil seines schriftstellerischen Nachlasses auf.

W.K.

Martin Dallmayr

*Bernried 9. Oktober 1612
†22. April 1690 Fürstenfeld

Abt Martin Dallmayr gehörte sicherlich zu den gelehrtesten Zisterziensern seiner Zeit. Er verfasste jedoch überraschend wenig eigene Schriften. Vermutlich ließen ihm die Tagesgeschäfte nicht viel Muße für private Studien. Sein einziges überliefertes Werk ist das berühmte Mirakelbuch *Synopsis Miracolorum et Beneficiorum, sev Vincula Charitatis*[46] aus dem Jahr 1659. In diesem Buch sammelt und schildert Dallmayr zahlreiche Wunder, die sich im Zusammenhang mit der damals weltberühmten Wallfahrtsstätte St. Leonhard in Inchenhofen zugetragen hatten, wobei er in seiner Vorrede betont,

Einziges überliefertes Werk:
Synopsis Miracolorum et Beneficiorum, sev Vincula Charitatis, München 1659

für das Buch nur die »fürnehmsten Wunder« ausgewählt zu haben.[47] Trotz des lateinischen Titels ist das Buch in deutscher Sprache geschrieben, da es sich nicht nur an gelehrte Personen richtete, sondern an Gläubige aus allen Schichten der Bevölkerung. Die Pflege und Förderung dieser Wallfahrtsstätte dienten zum einen der Festigung des katholischen Glaubens in der Zeit der Gegenreformation, zum anderen war die Propstei Inchenhofen gerade wegen dieser Wallfahrt eine wichtige Einnahmequelle des Klosters, und die galt es bekannt zu machen. Die Verbindung von religiösem Leben und notwendigem wirtschaftlichen Denken im Sinne des Klosters kann als Lebensmotto des für Fürstenfeld so bedeutenden Abtes gelten.

Martin Dallmayr war bereits mit knapp 17 Jahren nach Beendigung des Jesuitengymnasiums in München in das Zisterzienserkloster Fürstenfeld eingetreten. Ein Jahr später, am 13. November 1630, nach Noviziat und Profess, begann er in Ingolstadt sein Studium der Philosophie. Danach folgten Studienaufenthalte in Augsburg und Graz, wo er 1636 im Fach Philosophie promoviert wurde. Nach seiner Rückkehr ins Mutterkloster Fürstenfeld folgte die Priesterweihe. Schon bald wurde ihm die Seelsorge der Pfarrei Pfaffing mit ihren Filialen übertragen. Dokumente aus der Zeit verdeutlichen zum ersten

Mal einen wichtigen Charakterzug Martin Dallmayrs, stets und über alles genau informiert zu sein und aus dieser Kenntnis heraus Entscheidungen zu treffen, die seinem Kloster zum größtmöglichen Vorteil gereichten.[48]

Als Martin Dallmayr am 4. Februar 1640 von seinen Mitbrüdern zum neuen Abt von Fürstenfeld gewählt wurde, befand sich das Zisterzienserkloster in einer schweren Zeit. In der Kasse waren nur noch 115 Gulden, die Vorratsspeicher waren leer und die Gebäude ruiniert. Der seit 1618 andauernde Krieg hatte seine Spuren hinterlassen. Auch das Klosterleben war durch die Kriegswirren getroffen, der Konvent war stark dezimiert und die Ordensdisziplin ließ zu wünschen übrig.[49]

Durch sein Beispiel ermutigt begannen auch die übrigen Mönche, wieder nach den Regeln des hl. Benedikt zu leben und die klösterlichen Gebräuche zu pflegen. Nach Beendigung des 30-jährigen Krieges 1648 bis zu seinem Tod 1690 führte Abt Martin Dallmayr das Kloster Fürstenfeld zu einer neuen Blüte. Der Konvent wuchs nicht nur zahlenmäßig, das Kloster wurde auch eine hervorragende Stätte der Frömmigkeit und Wissenschaft. Abt Martin diente seinem Orden und dessen Idealen weit über die Grenzen seines Klosters hinaus. Dem religiösen Aufschwung folgte ein wirtschaftlicher: Bei seinem Tod fand man im Kloster 150 000 Gulden an Bargeld vor, die Schulden waren getilgt und das Vermögen gefestigt.

Seine herausragende Bedeutung war schon den Zeitgenossen bewusst. Anlässlich seines 50-jährigen Abtsjubiläums 1690 kam in unzähligen Ehrungen, unter anderem durch Kaiser Leopold und den bayerischen Kurfürsten Max Emanuel zutage, wie groß sein Ansehen war. Leopold soll gesagt haben: »Im ganzen Reich habe ich keinen Prälaten gesehen wie Abt Martin!« Tatsächlich scheint Dallmayr eine faszinierende Persönlichkeit gewesen zu sein. In allen Bereichen des klösterlichen Lebens umfassend informiert, hielt er stets die Fäden in der Hand. Es gelang ihm meist, wirtschaftliche und geistliche Interessen erfolgreich zu verknüpfen. Begabt mit außergewöhnlicher Intelligenz und hochgelehrt war er als private Person von außerordentlicher Bescheidenheit und Demut.[50]

Am 22. April desselben Jahres verstarb Dallmayr im Alter von 78 Jahren. Die seinen Tod begleitenden Ereignisse, ein kurz vor seinem Tod umgestürzter uralter Lindenbaum im Garten des Klosters und der nach mehr als 25 Jahren unverwest aufgefundene Leichnam, werden in den Quellen und der älteren Literatur als Zeichen für die Außergewöhnlichkeit seiner Person und die Heiligmäßigkeit seines Lebens interpretiert.[51]

A.M.

Balduin Helm

*München 15. Mai 1645
† 8. Mai 1720 Fürstenfeld

Als Abt Balduin Helm am 29. Mai 1705 nach längeren Unstimmigkeiten mit seinem Konvent von seinem Amt zurücktreten musste, bat er sich neben einer jährlichen Pension von 150 Gulden auch den Schlüssel zur umfangreichen Klosterbibliothek aus, um jederzeit dort arbeiten zu können. Ab diesem Zeitpunkt widmete er sich fast ausschließlich seiner schriftstellerischen Tätigkeit und verfasste unter anderem mehrere bedeutende Predigtsammlungen.[52] Eine davon war eine Predigtreihe zu den Sonn- und Festtagen des Kirchenjahres, zu den Marienfesten oder für die Fastenzeit. Er veröffentlichte sie in fünf Bänden zwischen 1717 und 1720, dem Jahr seines Todes.[53] Bereits bei seinen Zeitgenossen galt Balduin Helm als bedeutender Prediger und Schriftsteller.

Ausgewählte Werke:
De Deo, Dillingen 1665
De simplicitate Dei, Ingolstadt 1668
Wunderreicher Magnet englischer Reinigkeit, an sich ziehend Gott und den Menschen, das ist: eygentliche Vorstellung der Englischen himmlischen Tugendt, der Jungfrawschafft. Zu sonderbarer Auffmunterung und Trost aller Jungfrawlichen Gott verlobten Seelen. Neben vorangesetzter getreuer Wegweisung der ihres Beruffs-beängstigten Seele, München 1700
Himmlischer Jubilier-Laden, 1717

Der Sohn eines Münchner Hofmusikers, der bereits 1663 im Kloster Fürstenfeld seine Profess abgelegt hatte, wurde 1690 als Nachfolger Martin Dallmayrs Abt von Fürstenfeld. Er setzte dessen Werk erfolgreich, wenn auch nicht unbestritten fort. Nach seinem Theologiestudium in Dillingen und Ingolstadt[54] war er für das Kloster lange Jahre als Pfarrvikar in Bruck tätig gewesen.[55] In den letzten Amtsjahren Dallmayrs hatte er diesen bereits kräftig bei der Wirtschaftsführung unterstützt. Dank der unter seinem Vorgänger erwirtschafteten finanziellen Rücklagen hatte Balduin Helm die Möglichkeit, den kompletten Neubau der Klostergebäude durchzuführen und die neue Kirche zu beginnen. Bereits 1691 wurde der Grundstein gelegt. Obwohl Balduin Helm bis heute im Schatten seines berühmten Vorgängers Martin Dallmayr steht, lassen die Quellen darauf schließen, dass er ein mindestens ebenso geschickter Wirtschaftspolitiker war wie Dallmayr. Balduin Helm hinterließ seinem Nachfolger Casimir Kramer nämlich einen größeren Sach- und Kapitalbesitz und höhere Einkünfte aus kapitalisierten Rechten als sein Vorgänger, obwohl er den Neubau der Konvents- und Wirtschaftsgebäude finanziert hatte und dem Kloster riesige Kosten wegen des Spanischen Erbfolgekrieges entstanden waren. Trotz dieser Verdienste musste Balduin Helm 1705 nach gegen ihn erhobenen Vorwürfen abdanken. Unter anderem legte man ihm zur Last, dass er den Neubau des Klosters viel zu aufwändig und nicht dem Zisterzienserorden entsprechend einfach erbauen ließ.

A.M.

Filippo Balatri

*Pisa 21. Februar 1676
†10. September 1756 Fürstenfeld

»Die Nachtigall des Zaren«, wie Christine Wunnicke den toskanischen Kastraten[56] Filippo Balatri in ihrem wunderbaren biografischen Roman nennt, war nicht der bekannteste der vielen kastrierten Sänger der Barockzeit. In Opernlexika kommt er daher kaum vor. Doch dank seiner mehr als 5000 Seiten umfassenden autobiografischen Schriften *Vita e Viaggi*[57] und *Frutti del mondo*[58] kennen wir heute viele Details seiner Aufsehen erregenden Laufbahn und seines bewegten Lebens. Balatri, der lebenslang unter den schmerzhaften Auswirkungen der Kastration litt, stammte aus einer angesehenen, aber verarmten

Ausgewählte Werke:

Frutti del mondo, esperimentati da F.B., nativo dell' Alfea in Toscana, Autobiografie, 1735

Vita e Viaggi di F.B, nativo di Pisa, Autobiografie, 1725–1732

Santa Margherita da Cortona in Toscana, geistliches Singspiel, 1741

Biografischer Roman:

Christine Wunnicke, *Die Nachtigall des Zaren. Das Leben des Kastraten Filippo Balatri*, 2001

Florentiner Familie und stand wie sein Vater als junger Mann unter der direkten Protektion des frömmlerischen Großherzogs Cosimo III. von Medici, der ihn als Sechzehnjährigen zum Gastgeschenk für den russischen Zaren bestimmte.

Als Filippo Balatri nach wechselvollen Jahren in Russland, Italien, Frankreich, England und Deutschland seine Karriere als Sänger in der Münchner Hofkapelle[59] beendete und 1739 in das Kloster Fürstenfeld eintrat, wollte er der Welt nicht nur als Sänger den Rücken kehren, sondern auch die Feder endgültig aus der Hand legen. Wir wissen jedoch, dass er als Fürstenfelder Mönch sowohl geistliche Lieder sang als auch bereits während des Noviziats ein geistliches Singspiel über die heilige Margarete von Cortona schrieb, das in Fürstenfeld aufgeführt wurde.

Balatri verstand sich eigentlich nicht als Literat. Dennoch drängte es ihn (oder er wurde dazu gedrängt?), seine zahlreichen Reiseerlebnisse und langjährigen Auslandsaufenthalte zu schildern. Ab etwa 1725 begann er, seine Tagebucheinträge zu verarbeiten. Während *Vita e Viaggi* in Prosa geschrieben wird, führt Balatri *Frutti del Mondo*[60] in seiner schönen Handschrift in Versform aus: endgereimte Vierzeiler, mehr als 2000 Strophen! Für das 18. Jahrhundert ist diese eher schwierige literarische Form nicht typisch. Seine Erzählweise ist unkonventionell, ganz offensichtlich ging es dem Autor nicht um Wohlklang, sondern um Wahrheit. Doch auch wenn er von sich behauptet: »Ich kann kaum lesen, schreiben kann ich erst recht nicht, und dichten kann ich am allerwenigsten«, gehören die beiden Werke zu den »originellsten und persönlichsten Autobiographien des 18. Jahrhunderts[61]«. Seine Aufgewecktheit, seine tiefe Frömmigkeit und seine abstrusen Einfälle sprechen aus seinen Erzählungen. Selbstironisch, voller verrückter Geschichten und nie sentimental schildert Balatri sein Schicksal, stellt verschiedenste Betrachtungen über das Leben an und erzählt eindrucksvoll von den Beschwernissen weiter Reisen und den teilweise erschreckenden Sitten fremder Völker. Balatris Werke wurden damit zu einzigartigen Dokumenten der Barockzeit.

A.M.

Marcus Fri(e)dl

*Burgstall bei Mering
25. April 1684
† 29. November 1754 ebd.

Ausgewählte Werke:
*Allerreichestes Erbteil Armer Menschen –
In dem Testament Christi Am Creutz –
Die Arth der Predigten,* 1753
Englische Tugend-Schul, 1732

Der stattliche Bauernhof in Burgstall bei Friedberg, auf dem Marcus Fri(e)dl 1684[62] geboren wurde, atmet Geschichte. Und die große Kapelle beim Hof erinnert an den wohl bedeutendsten Sohn dieses uralten Bauerngeschlechtes: Marcus Fri(e)dl. Er ließ sie als sein Mausoleum errichten. Die Fri(e)dl zu Burgstall waren wer, zudem versippt und verschwägert mit all den großen Bauern- und Müllerfamilien der Umgebung. Rund 160 Tagwerk bewirtschafteten sie auf dem Hof, der dem Kollegiatsstift Zu Unserer Lieben Frau in München grunddienstbar war. Marcus Fri(e)dl studierte in Ingolstadt Theologie und Philosophie, promovierte in beiden Fächern und wurde in Augsburg zum Priester geweiht. 1711 wurde er als Nachfolger von Pfarrer Johann Habersetzer[63] als neuer Pfarrer in Moorenweis[64] präsentiert. Marcus Fri(e)dl eckte schon bald gehörig an. Der Grund war der Kirchenneubau. Fri(e)dl überraschte seine direkten Vorgesetzten, die Prälaten von Wessobrunn und Dießen und den Bischof in Augsburg, mit einem von eigener Hand gezeichneten Plan. Hauptgegner des neuen Kirchenbauprojekts war der Probst von Dießen, der in dieser Zeit sein Kloster mit eigenen, prächtigen Bauaufgaben erheblich verschuldete. In einem Beschwerdebrief an den Augsburger Fürstbischof verwahrt er sich, dass sein ihm anvertrautes Kloster ebenfalls zur Finanzierung dieses Neubaus herangezogen werden soll und fährt fort: »Sonsten aber hätte ich wohl Ursache, wider den ungehobelten groben Pfarrer zu Moorenweis und dessen von Anfang bis zum End sehr famosen und caluminösen scriptum anders zu verfahren. Allein ich will es Hochw. Gnaden anheim stellen, wie deroselben mit dem Grobean nebst einer ernstlichen Vermahnung verfahren soll. In Zukunft, wann er seine Nöte anzubringen vermeint, soll er sich intra limites honestis[65] halten und sich nit einer unanständigen, groben, für die Priesterschaft nit geziemenden Bauernmaniern aufführen, wenn er von mir mit einer Antwort gewürdigt werden wollte ...« Er war wohl ein wenig standesbewusst, der Herr Augustinerchorherr von Dießen. Fri(e)dl ließ nicht locker, wies mehrmals auf die lebensbedrohlichen Zustände in der baufälligen Kirche hin und schlug vor, die zu Dießen gehörende St.-Ulrich-Kirche abzubrechen sowie das wieder verwertbare Baumaterial für einen Neubau einer größeren Pfarrkirche zu verwenden. Ohne den oberkirchlichen Konsens abzuwarten, legte er den Grundstein nach eigenen Plänen. Das war etwas voreilig. Nachdem sich die beteiligten Klöster und das Bistum endlich zu einer Einigung bequemt hatten[66], beauftragte das Kloster Wessobrunn den eigenen Stiftsbaumeister Josef Schmuzer mit der Planung und dem Bau der Pfarrkir-

che. 1718 wurde der Grundstein gelegt; als Pfarrer Fri(e)dl 1726 nach dem ersten Bauabschnitt den Schlussstrich zog, waren 7620 Gulden ausgegeben. Fri(e)dl wurde zum »Cammerio des Land-Capitls Schwabhausen« berufen und war aufgrund dieser Funktion neben Moorenweis auch für Pfaffenhausen als Pfarrer zuständig. Auch in Pfaffenhausen zeugt die Kirche von dem ungewöhnlichen Kunstsinn des Geistlichen. Für seine Moorenweiser Kirche stiftete er eine Madonna, die aus dem Umkreis von Gregor Erhard aus der Zeit um 1495 stammt und früher der Augsburger Patrizierfamilie Baumgartner gehörte. 1722 erhielt Pfarrer Fri(e)dl das Gnadenbild über die Bedienstete des Hauses Baumgartner, Klara Mayr.

Die Madonna wurde zunächst bei den Englischen Fräulein deponiert und 1729 in die Moorenweiser Kirche übertragen. Fri(e)dl war gewiss nicht von einfacher Natur und er wollte die Probleme, die seiner Pfarrei durch das Dreiecksverhältnis Wessobrunn-Dießen-Fürstbistum Augsburg entstanden, nicht so ohne Weiteres hinnehmen. Er verfasste eine Denkschrift über die in Moorenweis herrschenden pfarrlichen Verhältnisse und übergab sie 1721 in Rom persönlich Papst Innozenz XII.[67]. Einige Jahre nach der Kirchenweihe resignierte Fri(e)dl und kehrte nach Burgstall zurück. Auch in Burgstall ging es nicht ohne Konflikte ab. Als er begann, auf dem Hof seiner Familie die Kapelle zu bauen, protestierte das Kloster

Taxa nachdrücklich, wenn auch vergeblich. In Burgstall ist er 1754 gestorben. Er ist in seiner Kapelle begraben.

Seine kämpferische Natur wird auch in den zahlreichen Schriften deutlich, die Marcus Fri(e)dl hinterlassen hat, darunter befinden sich auch Übersetzungen aus dem Spanischen.

Sprachgewaltig wie kaum ein anderer in dieser Region lebender Dichter war Marcus Fri(e)dl: In seiner Vorrede zur Predigtsammlung *Allerreichestes Erbteil Armer Menschen – In dem Testament Christi Am Creutz – Die Arth der Predigen* schreibt Fri(e)dl unter anderem in schönster barocker Sprache: »Da muß ich aufrichtig bekennen/ dise Predigen haben schier die Arth einer Spannischen olla podrida[68], daß ist allpadriten-Suppen wie man es insgemein nennet/ da werden tausend Kreuter-Schwammen/ Thier/fliegend/ und kriechend hineingekocht/ alle mixta und simplicia[69], und sie finden guten Geschmack/ wo sonst nichts mehr schmeckt. Große Prediger haben etwas von diser Arth … Und sie wissen ihre affrikanische/ Rhabarbara also einzukochen/ dass es gleichwohl auf die Zungen beißt/ und zu weilen auch innerlich gutting angreifft.« Die *Arth der Predigten* erschien in einem Mindelheimer Verlag[70]. In seinem in Augsburg[71] verlegten Werk *Englische Tugend-Schul* beklagt Marcus Fri(e)dl fast spitzbübisch: »Und sihe/ als ich eben ein solche Schreib-Sucht am Halß hatte; als ich mit meiner Feder auf das Feld hinaus wollte/ ist mir gantz unversehens/ und unbekannt begegnet, die fürttreffliche Edle Engelländerin Maria Ward/ ein so weitläuffig – als wundersamer und tauglicher Vorwurff unserer Schreib-süchtig und fürwitzigen Jahren; deren Tugend-wunder-reiche- und Gnaden-vollen Lebens-Lauff in den Truck zu befördern von solchen Personen(die mich/ und ich sie/ vorhin nie gekennet …«

Während Balduin Helms Predigt-Sammlung von Zeit zu Zeit im Antiquariat angeboten wird, fahndet man nach Werken von Marcus Fri(e)dl, die weniger wegen ihres theologischen Inhalts als durch die bildhafte, heitere Sprache bezaubern, zumeist vergebens.

W.K.

Karl Förg

* Fürstenfeldbruck 1755
† 18. April 1799 München

Da er eigentlich – wie Franz von Pocci – aus dem gestrengen Umfeld des bayerischen Militärs kam und am Herzoghof als Buchhalter und Berater in brieflichen Formfragen tätig war, überrascht der trockene, »moderne« und satirische Humor des Brucker Dichters Karl Förg.
Geboren 1755 in Fürstenfeldbruck als Sohn eines Auditors beim bayerischen Kavallerieregiment wurde er zuerst im elterlichen Hause erzogen, studierte dann in Thierhaupten und Neuburg an der Donau und absolvierte dort die Philosophie. Als Experte für Rechnungswesen wurde er zunächst als Kriegsbuch-

Ausgewählte Werke:

Müßige Stunden. Geschichten, Satyren, Briefe, 1773
Isaak, ein Sinnbild des Erlösers, geistliches Singspiel, 1778, übersetzt nach einer italienischen Vorlage von Pietro Metastasio (1698–1782)
Joas, König von Juda, geistliches Singspiel, 1778
Das Fischermädchen, Oper, 1778

halter, dann als persönlicher Berater des Kurfürsten angestellt.

Nach dem 1773 erschienenen Werk *Müßige Stunden* verfasste er 1778 verschiedene geistliche Singspiele wie *Isaak, ein Sinnbild des Erlösers*, das auf eine italienische Vorlage von Pietro Metastasio (1698–1782) zurückging. Er schrieb aber auch Beiträge, Nachrichten und Gedichte für den *Bayerischen Zuschauer* (1779–1782), den *Patrioten in Bayern*, für die *Annalen der bayerischen Literatur* (1780/81) oder den *Bayerischen Landboten* (1790/91).

Schon seine kleinen *Sinngedichte*, andere Gedichte und Knittelverse in den *Müßigen Stunden* zeichnen sich, obwohl sie durchaus in der zeitgenössischen Tradition stehen, durch Pointenreichtum und die erfrischende Selbstironie des Dichters aus, der darin als lebenslustig und dem Wein zugetan begegnet. Mehr noch gilt dies etwa für *Eilf naerrische Fragen – eine jede nur um die Helfte beantwortet*, deren hintergründiger Humor geradezu abstrus ist. Die *Klagen eines Dichters über seine Kritiker* lassen hingen nicht sicher erkennen, ob der Dichter seinen hier besonders schwülstigen Stil ernst oder ironisch gemeint hat. Die Briefbeispiele, die »nichts weniger, als gut teutsch geschrieben« seien, fügt der Dichter an, um diesem »Ubel zu steuren«, will damit aber ernsthaft zum besseren Schreiben solcher Gelegenheitsbriefe (Glückwünsche, Bittschreiben, Empfehlungen …) anhalten[72].

J.C.L.

Othmar Weis

*Bayersoien 1769
†1843 Jesenwang

Zum Zeitpunkt der Säkularisation im Jahr 1803 war der Ettaler Pater Othmar Weis 34 Jahre alt. Statt wie alle anderen Klosterinsassen darauf zu warten, für ein neues Wirkungsfeld außerhalb des Klosters eingeteilt zu werden, nutzte der rührige Pater die Zeit und erteilte kostenlosen Elementarunterricht in dem ehemals Ettalischen Dorf Oberau. Othmar Weis war selbst als Bauernsohn in dem Ettalischen Dorf Bayersoien geboren.

Als junger Messdiener in Ettal hatte er sich einst von seiner besten Seite gezeigt und durfte deswegen am dortigen Seminar die Studien beginnen und in München abschließen. An-

Einziges überliefertes Werk:
Das große Opfer von Golgatha, Passionsspiel für Oberammergau 1811

schließend trat er 1790 in das Kloster Ettal ein. Nach der Priesterweihe 1795 studierte er Philosophie und Theologie in Ingolstadt. Er arbeitete als Lehrer der 2. Grammatikklasse im Ettaler Gymnasium. Gleichzeitig immatrikulierte er sich wieder an der Universität und rückte 1798 als Lehrer in die 3. Grammatikklasse vor. Am 15. November desselben Jahres wurde er promoviert. Im nächsten Schuljahr unterrichtete er in der 2. Rhetorikklasse. In dieser Zeit lernte er geistliche Theaterspiele und Schulspiele kennen. Später wurde er als Pfarrvikar von Eschenlohe eingesetzt. Bei der Säkularisation übernahm diese Pfarrei ein anderer Ettaler Pater, und Othmar Weis musste als einer der Jüngsten bis 1812 warten, bis er in Jesenwang eine eigene Pfarrei erhielt. Als er 1843 in Jesenwang starb, war er der letzte Angehörige des alten Klosters Ettal.[73]

Im Jahre 1810 hatte Oberammergau keine Spielerlaubnis für das alle zehn Jahre stattfindende Passionsspiel erhalten, da nach Ansicht der Behörde zu viele abergläubische Elemente enthalten waren. Die Oberammergauer Bürger wandten sich daraufhin an Pater Othmar Weis, der bereits 1811 eine Prosa-Passion vorlegen konnte. In diesen Passionstext konnte Weis Bibelworte unmittelbar in den Handlungstext einarbeiten, ohne auf ein Versmaß Rücksicht nehmen zu müssen. Sein Stil erinnert zum Teil an den leidenschaftlichen Predigtton dieser Zeit. In seiner Version des Passionsspieles verbannte Weis alle Teufel und Allegorien von der Bühne. Mit dem Titel *Das große Opfer von Golgatha* stellte er Christus in die Mitte der Handlung. Allerdings griff Weis in vielen Teilen auch auf die Vorläufer zurück. Der Text von Othmar Weis passierte die strenge Zensur und erhielt noch 1811 die Aufführungserlaubnis. So konnte das 1810 ausgefallene Gelübdespiel mit einem Jahr Verspätung doch noch nachgeholt werden. Rochus Dedler komponierte die Musik dazu.

Bereits 1815 wurde das Stück erneut aufgeführt. Weis, der inzwischen in Jesenwang tätig war, nahm für diese neuerliche Aufführung einige Ergänzungen am Text vor. So bekam das eigentliche Spiel nun eine ungemein wirksame Szene vorangestellt: *Der Einzug nach Jerusalem.*[74]

A.M.

Fürstenfeldbruck als Schauplatz bei
Lorenz von Westenrieder

*München 1. August 1748
†15. März 1829 München

Lorenz von Westenrieder wollte die gesamte bayerische Geschichte dem Volk als Gebäude von Begebenheiten, als »eine Geschichte« mit ihren Helden vorstellen, um sie zum Beispiel und zur Angelegenheit des Volkes zu machen im Glück und in Widrigkeit des Schicksals. Dabei diente ihm auch die Gründung des Klosters Fürstenfeld und das Leben Ludwigs des Bayern als Exempel. Sein Ziel war es – ganz im Sinne der Aufklärung –, ein selbstbewussteres, verständigeres Bürgertum heranzubilden.

Westenrieder[75] besuchte in München das Jesuitengymnasium und Lyzeum, in Freising das Priesterseminar. 1771 wurde er zum Priester geweiht. Seit 1773 lehrte er Poetik und Rhetorik an einem Gymnasium in Landshut. 1779 wurde er Mitglied der historischen Klasse der Bayerischen Akademie der Wissenschaften, gab aus Gesundheitsgründen

Ausgewählte Werke:
Leben des guten Jünglings Engelhof, Roman, 1782
Traum in dreyen Nächten, Roman 1782
König Saul, Drama, 1774
Mark Aurel, Drama, 1776
Kaiser Ludwig der Bayer, Erzählung, 1792

aber das Lehramt auf. Er begann eine Ministerialkarriere mit der Ernennung zum Schulrat, Wirklichen Geistlichen Rat (1785), Bücherzensurrat (1786), Direktorialrat über das deutsche und lateinische Schulwesen (1799) und schließlich auch zum Rektor der 1799 gegründeten Bücherzensurkommission. 1821 wurde er außerdem Domkapitular des gerade vereinten Bistums München-Freising.

Sein erster und bester Roman *Leben des guten Jünglings Engelhof* erschien zuerst in der Zeitschrift *Baierische Beyträge zur schönen und nützlichen Litteratur*, deren Herausgeber er 1779 bis 1781 war, und erst 1782 als Buch. Mit dem *Traum in dreyen Nächten* folgte ebenfalls 1782 sein zweiter Roman. Später schrieb er zunehmend historische Werke, wovon seine *Geschichte der Bayerischen Akademie der Wissenschaften* (1784 und 1808) wissenschaftlich am bedeutendsten ist, sowie zahlreiche populäre Darstellungen zur bayerischen Geschichte[76] wie die Erzählung *Kaiser Ludwig der Baier* (1792). Auch Westenrieder macht Fürstenfeld zum Schauplatz der bayerischen Geschichte. Die *Merkwürdigsten baierischen Begebenheiten* verzeichnen die dramatischen Umstände der Gründung des Klosters (1256) als Sühneopfer für die Hinrichtung der Maria von Brabant: »Wen im Himmel und auf Erden rief die unglückliche Prinzeßinn nicht zum Zeugen ihrer Unschuld mit vergeblichem Flehen an?«, und: »Er stiftete die vermögliche Abtey Fürstenfeld, und ließ darinn neben seiner Gemahlinn sein Grab sich zubereiten«; nicht aber die Episode, dass die Boten Leopolds durch den Fürstenfelder Abt abgehalten wurden. In der *Geschichte von Baiern, für die Jugend und das Volk* heißt es zwar, dass »unweit Fürstenfeld österreichische Boten angehalten wurden, welche in Betreff einer baldigen Vereinigung der beyden Armeen Briefe bey sich hatten«, nicht aber, dass das Kloster dafür verantwortlich gewesen sei. Zum Tode Kaiser Ludwigs heißt es, dieser sei »auf der Jagd unweit dem Kloster Fürstenfeld vom Schlagfluß berührt« worden und am 11. Oktober 1347 gestorben. 1522 wird der Abt von Fürstenfeld in einer Kommission erwähnt, welche die neue Lehre abwenden sollte. Die Erzählung *Kaiser Ludwig der Baier* erwähnt Fürstenfeld lediglich als Ludwigs Sterbeort.

Wie Franz von Pocci kam Westenrieder, der in seinem *Engelhof* ein glühendes aufklärerisches Bekenntnis abgelegt hatte, mit vielen Neuerungen des modernen Bayern Montgelas' und Ludwigs I., z.B. mit der Berufung norddeutscher Gelehrter, die er für ein Zeichen unpatriotischer Gesinnung hielt, nicht zurecht. Umgekehrt konnte er seine Lehre gegen deren Kritik und den Wandel der Zeit im Alter nicht mehr verteidigen.

J.C.L.

Fürstenfeldbruck als Schauplatz bei
Franz Graf von Pocci

*München 7. März 1807
†7. Mai 1876 München

Ausgewählte Werke:
Spruchbüchlein mit Bildern für Kinder, 1838
Alte und neue Soldatenlieder, 1842
Schattenspiel, 1847
Dramatische Spiele für Kinder, 1850
Neues Kasperl-Theater, 1855
Kaiser Ludwigs Tod bei Fürstenfeld, Gedicht, 1855
Todtentänze, 1857
Lustiges Komödienbüchlein, 1859-1877
Herbstblätter, 1867
Gevatter Tod, Drama, 1855
Michel der Feldbauer, Drama, 1858
Der Alchimist, Oper, 1840

Kasperlstücke:
Kasperl in der Türkei
Kasperls Heldentaten
Kasperl unter den Wilden
Kasperl als Prinz
Kasperl auf der Jagd

Der als »Kasperlgraf« legendär gewordene Pocci war loyaler Staatsdiener unter drei bayerischen Königen, pflegte zu Ludwig I. und Max II. sogar ein enges Vertrauensverhältnis. Der vielseitig begabte Künstler lebte in seinen Gedichten und Prosawerken seinen Patriotismus, in seinen Kasperliaden und Karikaturen aber das aus, was ihn mit den Monarchen und insbesondere mit dem höfischen Schranzenwesen entzweite.

Franz Ludwig Evarist Alexander Graf von Pocci war der älteste Sohn des Conte Fabrizius Pocci und der Xaveria Baronin von Posch. Er verbrachte seine Schulzeit in München

und das Jurastudium in Landshut. Um 1829 begann er als Regierungsakzessist, 1830 als Kammerjunker und als Zeremonienmeister bei König Ludwig I. in München zu arbeiten, unternahm Italienreisen mit dem Kronprinzen Max bzw. mit dem König (1831/32). 1839 wurde er Kammerherr, 1847 Hofmusikintendant; unter König Max II. schließlich Oberzeremonienmeister und Oberstkämmerer unter Ludwig II. Pocci war Träger zahlreicher Orden und seit 1844 Besitzer des Ritterlehens Ammerland am Starnberger See.

Angeregt durch Guido Görres gab Pocci zunächst den *Festkalender in Bildern und Liedern* (1833–1837) heraus. Ab 1845 schrieb Pocci seine Kasperl-Geschichten, in denen er den derben Dult-Kasperl zum feinund hintersinnigeren, volkstümlichen, burschikosen und lebensfrohen Kasperl Larifari als Inkarnation des Guten und Tapferen weiterentwickelte. Als Hofmusikintendant hatte Pocci selbst die Eröffnung des Münchner Marionettentheaters gefördert und dafür im Laufe der Jahre 40 Puppenstücke geschrieben.

Vor allem Poccis Lithographien fanden neben diesen weite Verbreitung. Er illustrierte zahlreiche eigene und fremde Druckwerke, sogar das *Danish Story-Book* (London 1846) mit Geschichten von Hans-Christian Andersen, und natürlich seine Kasperl-Bücher mit Zeichnungen, Lithographien und Holzschnitten. Seine Studentengruppe »Humpenau« und die Herrengesellschaften »Die Zwanglosen« und »Alt-England«, denen er ab 1837 bzw. 1840 angehörte, verdanken vor allem seinen humoristischen Zeichnungen ihre Überlieferung. Poccis Werk als Komponist, Dichter und Dramatiker ist heute weitgehend vergessen, da von über 600 Kompositionen nur ein kleiner Teil verlegt wurde, seinem Volksdrama *Gevatter Tod* nur mäßiger Erfolg beschieden war und seine Gedichte (bis etwa auf das bekannte *Gedicht zur Entstehung des Schäfflertanzes*) nur über Poccis Frau Albertine und die Werk-Bibliographie des Enkels Franz auf die Nachwelt kamen. In den letzten Lebensjahren beschäftigte er sich mit ernsten Themen, z.B. mit dem

Verfall der Kunst in München, sinnierte über zwischenmenschliche Beziehungen und das Erlösungswerk Christi (1870).

Zum Schauplatz wurde Fürstenfeldbruck in dem Gedicht *Kaiser Ludwigs Tod bei Fürstenfeld*[77], das ganz Poccis Vorliebe für das gotische Mittelalter zum einen, zum anderen seiner Neigung zu Begräbnisszenen, Totentänzen oder Todesdarstellungen entspricht. Lorenz von Westenrieder soll Pocci als Bub zum historischen Interesse angestachelt haben: »He Männl! Wie steht's mit der Jahreszahl? Wann ist Kaiser Ludwig der Bayer gestorben? Hast Du das Zettelchen noch, worauf es steht? Ich mache es auch nicht anders, wenn ich mir eine Jahreszahl merken will, schreibe ich sie auf ein Zettelchen und stecke es in die Westentasche. Untertags ein paar Mal angesehen und sie bleibt im Kopfe. Merk Dir's Männl!«

J.C.L.

Dichter entdecken ihre Heimat

Eins – zwei – drei

»Nur eines wünschte ich!«
sagte ein Dichter, –
»Unabhängigkeit!«
»Zähle bis drei,
und du bist es!«
sprach lächelnd das Leben.
»Eins!« zählte der gute Mann.
Sogleich fuhr ihm
an's Bein ein Schmerz,
an dem er sieben Jahre
herumdokterte.
Dann zählte er: »zwei!«
und erschrak gar sehr
über den hohlen Klang seiner Stimme,
die sich im leeren Raum verlor.
Zu »drei!« kam er nicht mehr,
weil ihn ein Rezensent erschlug.

Michael Kohlhaas (1866–1937), *Aus knappen Stunden*, 1903

Fürstenfeldbruck als Schauplatz bei
Martin Greif

*Speyer 18. Juni 1839
†1. April 1911 Kufstein

Er hat »eben nicht gelebt mit dem vorgefassten Zwecke zu dichten, sondern er hat gedichtet, weil er gelebt hat«, behauptete schon im Jahr 1900 Karl Fuchs[78], ein Biograf Martin Greifs.
Der Heimatdichter und Dramatiker Martin Greif, der eigentlich Friedrich Hermann Frey hieß, hat in einem seiner Dramen, das Ludwig dem Bayern gewidmet ist, Fürstenfeldbrucks als Schauplatz besonders gedacht. Orientiert an Walther von der Vogelweide, Goethe und Uhland verstand er sich als »Fahrender Sänger«, der an jedem Ort, an den er kam, die Landschaft, Menschen und die ihnen eigenen Sagen und

Ausgewählte Werke:
Frühjahrssturmlieder, 1864
Bayard, der Ritter ohne Furcht und Tadel, 1868
Corfitz Ulfeldt, der Reichshofmeister von Dänemark, 1873
Nero, 1876
Liebe über alles, 1877
Prinz Eugen, 1879
Hohenstaufentrilogie: *Heinrich der Löwe*, 1887; *Die Pfalz bei Rhein*, 1887; *Konradin*, 1889
Ludwig der Bayer oder Der Streit von Mühldorf, 1891
Agnes Bernauer, der Engel von Augsburg, 1893
Hans Sachs, 1894
General York, 1899

historischen Mythen getreu abzubilden suchte.

Als Sohn eines Regierungsrates ging er in Speyer und München zur Schule. Er leistete 1857–1866 seinen Dienst im bayerischen Militär, unternahm in dieser Zeit aber auch viele Reisen mit teils längeren Aufenthalten durch ganz Europa. Ab 1866 arbeitete er dann als freier Schriftsteller und Journalist in München und Wien (1869–1880). Als Dramatiker wurde er vor allem durch Heinrich Laube (Wien) und Josza Savits (München), als Dichter durch Eduard Mörike gefördert, den er 1867 in Lorch besuchte, nachdem er an der Münchner Dichterschule abgelehnt worden war. Seit 1882 durfte er seinen Künstlernamen auch als bürgerlichen führen.

Greif verfasste zahlreiche Gedicht-, Lied- und Briefbände. Bekannt wurde er aber vor allem durch seine Schau-, Helden-, Trauer- und Festspiele[79], darunter auch *Ludwig der Bayer oder Der Streit von Mühldorf* (1891).

Greif schied seine Lyrik in »Lieder«, »Naturbilder«, »Stimmen und Gestalten«, »Romanzen und Balladen«, darunter auch *Die selige Edigna, verehrt zu Puch bei Fürstenfeld*, »Vaterländische Gedenkblätter«, »Widmungen« und »Sinnsprüche« nach dem je unterschiedlichen Grad der Abbildung von Realität, ihrem je eigenen stilistischen Charakter und ihren Funktionen. Er gilt als Meister der Kleinform, seine Stärke lag in seinem »objektiven Naturbild«, das er sich auf seinen zahlreichen Reisen und Wanderungen erwarb. Allerdings war sein lyrischer Stil nicht unumstritten[80], zumal seine Lyrik am Ende vom Realismus eingeholt wurde, die sprachliche Qualität einzelner Gedichte haben seine Kritiker nie angefochten.

Greifs Dramen sind direkt aus seiner zunehmend epischen Lyrik entwickelt. In *Ludwig der Bayer oder Der Streit von Mühldorf, ein vaterländisches Schauspiel in fünf Akten*, das von 1892 bis 1909 immerhin zu 62 Aufführungen kam und damit zu Greifs erfolgreichsten Dramen gehört, wird Fürstenfeld als Schauplatz erwähnt: Im I. Akt, dritte Szene erhält der Kaiser vor der Schlacht die Nachricht, dass Herzog Leopold, der Bruder Friedrichs des Schönen, mit einem großen Entsatzheer herannahe, dass aber der Abt die Boten, die Friedrich dies melden sollten, abgefangen, sie betrunken gemacht und ihre Pferde losgelassen habe.

J.C.L.

Alois Frietinger

*Dünzelbach (Landkreis Fürstenfeldbruck) 14. Januar 1861
† 25. Januar 1922 Dünzelbach

Alois Frietinger, der sich sehr erfolgreich als Heimat- und Jugenderzähler betätigte, war hauptberuflich Pädagoge. In München arbeitete er als Oberlehrer, war später sogar Mitglied der Landesschulkommission und leitete das Pädagogische Seminar der Universität München.
An der grünen Isar nannte er seine »historische« Erzählung über die Germanen kurz vor der Christianisierung, die – veröffentlicht im »Verlag der Jugendblätter« – hauptsächlich den jugendlichen Lesern die Welt ihrer Urväter näher bringen sollte. Hier wird sein Ansatz, »lehrreiche« oder »belehrende« Literatur zu schreiben, deutlich.
Sein bekanntestes Werk ist die Erzäh-

Ausgewählte Werke:
Weiß und Blau, Erzählungen, 1893–1894
Wie einer seine Mutter suchte, 1900
An der grünen Isar, 1909
Blaue Blumen, 1909–1915
Der Lüftlmaler von Oberammergau, 1910[81]
Fünfzig Geschichten und Bilder für die Kleinen, 1913
Tandaradei, 1922

lung *Der Lüftlmaler von Oberammergau* aus dem Jahr 1910, in der Frietinger das Leben des Oberammergauer Malers Franz Zwinck schildert. Die damalige Kritik bezeichnete den Roman als die unbestreitbar beste Arbeit in der umfangreichen »Oberammergau Literatur«. In kürzester Zeit war der *Lüftlmaler* vergriffen.

A.M.

Ferdinand Feldigl
alias Ferdinand Bruckner

*Landsberg/Lech 5. April 1861
†9. April 1928 Fürstenfeldbruck

Ausgewählte Werke:
Sonnenblicke ins Jugendland, 1912
Oberammergau, o.J.
Ein deutscher Meister, 1913
Ikarus, o.J.
Der Weg übers Moor, 1921
Maria Magdalena, o.J.
Der letzte Meistersinger von Augsburg, 1923

Sechsundzwanzig Jahre lang lebte und wirkte Ferdinand Feldigl als Lehrer, Schriftsteller, Chronist, Musiker und Komponist in Fürstenfeldbruck. Er war der Sohn des ursprünglich in Fürstenfeldbruck und später in Landsberg tätigen Stadtschreibers und Musikers Johann Georg Feldigl und der Fürstenfeldbrucker Bürgerstochter Magdalena, geborene Miller. Sie war eine Schwester des Erzgießers Ferdinand Miller, zu dem Feldigl Zeit seines Lebens Kontakt hatte und dem er sein Werk *Ein Deutscher Meister* zum 100. Geburtstag widmete.

Über viele Jahre hinweg prägte Feldigl das kulturelle Leben Fürstenfeldbrucks, indem er Liederabende organisierte, Vorträge im (von ihm gegründeten) Literaturclub hielt, als Organist anspruchsvolle Musik spielte, den Chor leitete, mehrmals Theaterstücke wie das Lustspiel *Die Haberfeldtreiber* für den Katholischen Gesellenverein schrieb und inszenierte. Auch seine Kompositionen erfreuten sich großer Beliebtheit: Sein Werk *Die frommen Schwestern von St. Marie* für Chor und Orchester wurden vom Brucker Männergesangverein 1912 uraufgeführt und mit großem Erfolg gespielt.

Ferdinand Feldigl war ein musisch begabter und sehr heimatverbundener Mensch. Den Orten Jachenau und Oberammergau, an denen er als junger Lehrer – vor seiner Zeit in Fürstenfeldbruck – arbeitete, blieb er bis zuletzt eng verbunden. Ihnen widmete er Lieder, Gedichte und Erzählungen. Auch viele seiner Romane spielten in der Landschaft der Jachenau und Oberammergaus. Immer wieder beschäftigte er sich literarisch und musikalisch mit der Geschichte des Oberammergauer Passionsspiels, bei dem er im Jahr 1900 sämtliche Aufführungen dirigieren durfte. In *Denkmäler der Oberammergauer Passionsliteratur* veröffentlichte er eine lückenlose Sammlung der Passionstexte, darunter auch den lange verschollenen Passionsspieltext von Pater Othmar Weis, der mit Hilfe Feldigls wieder entdeckt wurde.

Im Jahr 1902 wechselte Ferdinand Feldigl als Lehrer an die Volksschule in Fürstenfeldbruck und lebte ab diesem Zeitpunkt mit seiner Frau und den fünf Kindern im Schulhaus am heutigen Niederbronner Weg in Fürstenfeldbruck. Hier entstanden die meisten seiner literarischen Arbeiten, so auch seine bedeutendsten Werke wie der Jachenauer Heimatroman *Ikarus* und *Der Weg übers Moor*. Letzterer fand im Jahr 1921 größere Verbreitung als Fortsetzungsroman in der Zeitschrift »Volksfreund«. Einzelne Arbeiten wurden im Fürstenfeldbrucker Verlag Sighart verlegt (*Maria Magdalena*), andere in größeren Verlagen in München, Augs-

burg und Partenkirchen. Mehrfach schrieb Feldigl die Texte zu den bekannten Bilderbüchern von Lothar Meggendorfer.[82]

Von 1914 bis 1918 stellte er im Auftrag seines Heimatortes Fürstenfeldbruck eine so genannte Kriegschronik zusammen, in der er Fotografien, Zeitungsausschnitte und andere Schriftstücke zusammentrug und durch eigene Beobachtungen und Gedanken ergänzte. Er selbst erlitt während des Ersten Weltkriegs zweimal einen schweren Verlust: Sein Sohn Ferdinand und sein Schwiegersohn kamen ums Leben.

In seinem Werk *Sonnenblicke ins Jugendland* verknüpfte er den Schriftstellerberuf mit seiner Lehrertätigkeit und präsentierte darin eine *Sammlung pädagogischer Bekenntnisse* bekannter Persönlichkeiten. Er selbst sah seinen Lehrerberuf als notwendiges Übel an, da er vom Schreiben und Komponieren alleine nicht leben konnte. Nichtsdestoweniger scheint er sehr erfolgreich als Lehrer tätig gewesen zu sein, und viele seiner ehemaligen Schüler erinnerten sich gerne an seinen Unterricht, den er häufig mit Lesungen aus seinen neuen Werken und musikalischen Einfällen unterbrach. Von Zeit zu Zeit brachte ihm diese Eigenwilligkeit eine offizielle Rüge durch die vorgesetzten Behörden ein, wie er dies selbst in seinem Roman *Ikarus* geschildert hat.[83]

Ferdinand Feldigl stand mit vielen bedeutenden Persönlichkeiten seiner Zeit in Kontakt. Zu seinen Freunden zählten Musiker und Schriftsteller wie Peter Rosegger, Peter Dörfler oder Maximilian Schmidt.

Mit 67 Jahren starb Ferdinand Feldigl am 9. April 1928 hoch angesehen im Haus des Seilermeisters Hanns Schwalber in Fürstenfeldbruck, wohin er nach seiner Pensionierung umgesiedelt war. Auf seiner Beerdigung versammelten sich ungewöhnlich viele Trauergäste, unter ihnen auch die beiden Söhne Ferdinand Millers, Ferdinand und Oskar von Miller.

A.M.

Erwin Schmidhuber
alias
Michael Kohlhaas

*Laufen/Salzach
14. Januar 1866
†3. Oktober 1937
Fürstenfeldbruck

Erwin Schmidhuber war zunächst bayerischer Amtsrichter von Beruf, als »Michael Kohlhaas« wurde er zum leidenschaftlichen Dichter und Verfasser humorvoller und satirischer Erzählungen und Briefe.
Schmidhuber entstammte einem alten Laufener Kaufmannsgeschlecht, ging in Burghausen zur Schule und studierte nach dem Abitur Rechtswissenschaft in München. 1887 kam er als junger Rechtsanwalt erstmals nach Fürstenfeldbruck und eröffnete im »Hotel Post« der traditionsreichen Familie Weiß eine Rechtsanwaltskanzlei. Hier lernte er auch seine spätere Frau Fanny Weiß kennen, die er um die Jahrhundert-

Ausgewählte Werke:

Aus knappen Stunden, 1903
So im Dahingehen, 1913
Heimat und Weltkrieg Kleine Geschichten, 1918
Von Papst Urban IV. bis zur Schallhammer Kathl, 1925
Der zweite Schuß, 1926
Die beiden Gugelich, 1927
Dudlbach, 1928
Die sanierte Kinderlosigkeit, 1932
Die Hügelhöfe, 1930

wende heiratete. Um 1900 verließ er mit seiner Frau Fürstenfeldbruck, um eine Stelle als Amtsrichter in Landau an der Isar anzutreten. Von dort ließ er sich schließlich nach Bad Tölz versetzen.
Unter dem Pseudonym Michael Kohlhaas verfasste er damals bereits kleine Erzählungen und Gedichte. Das Schreiben wurde eine echte Leidenschaft. Schließlich ließ er sich in relativ jungen Jahren pensionieren[84] und übersiedelte noch vor dem Ersten Weltkrieg nach Pasing, wo er Mitarbeiter der satirischen Zeitschrift »Meggendorfer Blätter« wurde. 1917 kam er wieder nach Fürstenfeldbruck zurück, in die Heimatstadt seiner Frau, wo er bis zu seinem Tod mit seiner Frau und seinen vier Kindern in einem Haus »mit schönen Tannen im Garten« in der Stadelbergerstraße gegenüber dem Brucker Amtsgericht wohnte. Hier war er viele Jahre lang Nachbar der Schriftstellerin Else Wibel, mit der er regen Gedankenaustausch über den Gartenzaun hinweg pflegte. »In seiner reizenden und nicht überheblichen Art kritisierte er meine Arbeiten: positiv und manchmal auch negativ«, berichtete Else Wibel einmal. Er sei dabei aber immer liebenswürdig und humorvoll gewesen.

Wie Ludwig Thoma, der nur ein Jahr jünger war, schrieb auch Erwin Schmidhuber über die Welt der oberbayerischen Bauern und der so genannten kleinen Leute. Unter dem Titel *Vom Papst Urban dem Vierten bis zur Schallhammer Kathl* erschienen 14 humoristische Erzählungen, die von der Kritik sehr positiv aufgenommen wurden. Der Schriftsteller Hans Erich Blaich alias Dr. Owlglass hatte zu diesem Buch 1924 das Vorwort verfasst, wobei er Kohlhaas mit Ludwig Thoma verglich[85] und ihm bescheinigte, dass »seine besten Erzählungen den Thomaschen an lustiger Erfindung, an Anschaulichkeit und unbefangener Schlagkraft in nichts nachgeben und sich nur etwa, ohne je sentimental zu werden, durch einen wärmeren Pulsschlag dann und wann und durch das heimliche Aufblitzen eines stillen, lyrischen Glanzes von ihnen abheben«. An anderer Stelle nannte Blaich ihn den »Ludwig Thoma der Intelligenz«. Schmidhubers Werke *Der zweite Schuß* (1926), *Die beiden Gugelich* (1927), *Dudlbach* (1928), *Die sanierte Kinderlosigkeit* (1932) und *Die Hügelhöfe* (1930) erreichten zu seinen Lebzeiten sehr gute Auflagenzahlen, dennoch wurde sein Name nie so bekannt wie der Ludwig Thomas.

A.M.

Ludwig Thoma

*Oberammergau 21. Januar 1867
†26. August 1921 Rottach/Egern

Ausgewählte Werke:
Agricola Bauerngeschichten, 1897
Witwen Lustspiel, 1901
Die Lokalbahn Komödie, 1902
Lausbubengeschichten, 1905
Josef Filzers Briefwexel, 1912
Heilige Nacht. Eine Weihnachtslegende, 1917
Erinnerungen, 1919

Für Ludwig Thoma sind uns vier Verbindungen zu Fürstenfeldbruck bekannt geworden. Zum einen war er wie der Fürstenfeldbrucker Schriftsteller Hans Erich Blaich alias Dr. Owlglass viele Jahre lang Redakteur des »Simplicissimus«. Mit Blaich stand er bei den wöchentlichen Redaktionssitzungen in ständigem Kontakt; Besuche in Fürstenfeldbruck sind zumindest wahrscheinlich. Zum anderen hielt sich Thoma – vermutlich irgendwann vor dem Ersten Weltkrieg – für einige Zeit in Wildenroth bei Grafrath auf, einem beliebten Ort für Maler, Dichter und Bildhauer. In Privatbesitz existiert eine Postkarte mit seinem Bildnis und einer eigenhändigen Widmung des Dichters: »Zur freundlichen Erinnerung an heitere Tage in Wildenroth-Grafrath.« [86]

Sein in altbayerischer Mundart geschriebenes und 1916 vollendetes Buch *Heilige Nacht* bietet den dritten Bezugspunkt zu Fürstenfeldbruck. Diese berühmte Verserzählung wurde von Wilhelm Schulz (1865–1952) mit sechs Darstellungen des alten Fürstenfeldbruck illustriert. Schulz war lange Jahre mit Hans Erich Blaich alias Dr. Owlglass befreundet und kannte die idyllischen Winkel Fürstenfeldbrucks von seinen Besuchen.[87] Die dem Text der »Herbergssuche« angepassten Illustrationen zeigen die Leonhardikirche, den Blick auf den oberen Marktplatz, die Kirchgasse, den Anfang der Bullachstraße und ein kleines Häuschen in der heutigen Münchener Straße. Thoma dichtete den Text in vierzeiligen gereimten Strophen in erzählerischem Stil, voller behäbiger Realistik. »Die biblische Welt ist ganz in die oberbayerische Dorfwirklichkeit umgedeutet.«[88] Dass Thoma hier ganz auf das Schalkhafte und Satirische anderer Werke verzichtete und ein Werk »voller volkstümlicher Innigkeit« schuf, überraschte nicht nur seine Freunde. Das Büchlein war von Anfang an ein großer Publikumserfolg.

Auch Ludwig Thomas jüngste Schwester lebte in Fürstenfeldbruck; er besuchte sie mit Sicherheit in ihrem »kleinen Haus mit bunten Bauernblumen und vielen Rosen im Vorgarten«, in dem sie dann auch einen langen ruhigen Lebensabend verbrachte.[89]

Ludwig Thoma gehört wohl zu den berühmtesten bayerischen Autoren. Er war der Sohn eines Schnitzwaren-Verlegers aus Oberammergau und studierte Rechtswissenschaften unter anderem an der Universität in München. Neben seiner Tätigkeit als Redakteur beim »Simplicissimus« wurde er als Verfasser durchaus kritischer Romane und Erzählungen bekannt, aber auch für seine satirischen und humorvollen *Jozef Filser Briefe*. Das Jahr 1914 (mit Ausbruch des Ersten Weltkriegs) war für Ludwig Thoma durch eine politische Wende gekennzeichnet. Er verzichtete fortan sogar im »Simplicissimus« auf Kritik an der Regierung und stellte sein Können und seine Arbeit völlig in den Dienst des Vaterlandes. Zusätzlich begann er, anonym zahlreiche antisemitische und antidemokratische Hetzschriften zu verfassen.

Der Welt blieb er als humorvoller Volksschriftsteller mit Scharfblick und Hintersinnigkeit in Erinnerung. Oskar-Maria Graf sagte von ihm, dass er »in seinem erzählerischen Werk das wirkliche Bayern der Welt erschlossen hat«. Gestorben ist er im Alter von nur 54 Jahren in seinem Haus »Auf der Tuften« am Tegernsee.

A.M.

Fürstenfeldbruck als Schauplatz bei
Georg Queri

*Frieding (bei Andechs)
30. April 1879
† 21. November 1919 München

Georg Queri stammte aus sehr einfachen Verhältnissen. Zum Zeitpunkt seiner Geburt hatten seine Eltern das Gasthaus »Oberer Wirt« in Frieding bei Andechs gepachtet. Seine Kindheit verbrachte Queri aber in Starnberg, wo der Vater als Dampfschiffheizer und Dampfschiffnachtwächter arbeitete und seine Mutter einen Milchladen betrieb. Dort hatte der kleine Georg reichlich Gelegenheit, die unterschiedlichsten Charaktere einfacher Menschen zu studieren. Mit Sicherheit verarbeitete er diese Erfahrungen in seinen späteren Werken. Georg Queris Leben war auf unglückliche Weise von zahlreichen Krankheiten und Aufenthalten in Krankenhäusern geprägt. Mit 13 Jahren zerschmetterte er sich beim Turnen ein Hüftgelenk. Es folgten mehrere Operationen und eine lebenslange Behinderung. Im Herbst 1894 konnte der intelligente

Ausgewählte Werke:
D'Hochzeiterin, Theaterstück, 1901
Bauernerotik und Bauernfehme in Oberbayern, 1911
Kraftbayrisch – Ein Wörterbuch der erotischen und skatologischen Redensarten der Altbayern, 1912
Wann die alt Heindlin auf den Brucker Markt geht, Gedicht, 1914
Mateis bricht's Eis, Theaterstück, 1918

Der Kapuziner. Roman aus dem tiefen Bayern, 1920

Sekundärliteratur:
Rupert Rieber, *Georg Queri. Bibliographie seiner Schriften*, München 1966

Junge aber trotzdem in die vierte Klasse des Königlichen Humanistischen Gymnasiums in Neuburg an der Donau eintreten. 1898 schloss er die Schule ab.

1901 veröffentlichte er zum ersten Mal ein Theaterstück mit dem Titel *D'Hochzeiterin*.

Im August 1902 begann in München seine journalistische Laufbahn als Lokal- und Gerichtsreporter bei der »Münchner Zeitung« und den »Münchner Neuesten Nachrichten«. In den »Nachrichten« veröffentlichte er auch seine erste Erzählung. Von Dezember 1907 bis Februar 1908 hielt sich Queri in New York auf, wo er mehrere Reportagen für die deutschsprachige »Staatszeitung« in New York schrieb. Ab Oktober 1908 wurde er Mitarbeiter der Zeitschrift »Jugend«[90], später auch beim »Simplicissimus«.

Gleichzeitig betrieb er intensive volkskundliche Studien, unter anderem über das Haberfeldtreiben. Ab April 1909 wohnte er in Oberammergau, wo er den ältesten Text des Oberammergauer Passionsspiels herausgab. Dort lernte er auch Ludwig Thoma kennen, mit dem er die erste Anthologie der bayerischen Literatur, das berühmte *Bayernbuch* vorbereitete und 1913 herausgab. Während dieser Zeit machte er auch mit seinen Büchern *Bauernerotik und Bauernfehme in Oberbayern* (1911) und vor allem mit *Kraftbayrisch – Ein Wörterbuch der erotischen und skatologischen Redensarten der Altbayern* (1912) von sich reden. Das eine wurde schnell beschlagnahmt, die Freigabe des anderen musste er vor Gericht erstreiten. Unterstützt wurde er hierbei von Ludwig Ganghofer, Otto Mauer und Ludwig Thoma. Nur weil sich Queri mit diesen Werken in damals von den Staatsbehörden verbotene Bereiche vorwagte, blieb diese Art von Volksdichtung erhalten.[91]

Schlagfertig und stets zu einer Gaudi aufgelegt veröffentlichte Queri immer wieder Gedichte in bayerischer Mundart. *Wann die alt Heindlin auf den Brucker Markt geht* ist ein typisches Beispiel für seine Art von teilweise recht derbem Humor. Zugunsten einer flachen Pointe opferte er dabei schon mal den literarischen Anspruch.

Vom März 1916 bis Oktober 1917 war Queri trotz seiner Behinderung als Kriegsberichterstatter für das »Berliner Tageblatt« an der Westfront in Frankreich tätig. Von dieser Strapaze erholte er sich nie mehr richtig. Trotzdem entwickelte er in den beiden letzten Lebensjahren besonders viele Aktivitäten als Journalist und Schriftsteller: Er wurde Mitarbeiter des »Vossischen Zeitung« in Berlin, sein Theaterstück *Mateis bricht's Eis* wurde im Odeon-Theater in Würzburg uraufgeführt[92]. Weitere Aufführungen des Stückes folgten im September 1919 in Tegernsee, kurz bevor er – vierzigjährig – infolge einer Blutvergiftung und Lungenentzündung starb.[93]

A.M.

Lena Christ

* Glonn 30. Oktober 1881
† 30. Juni 1920 München

Als Lena Christ mit ihrem späteren Ehemann Peter Jerusalem am 4. April 1911 von München nach Fürstenfeldbruck zog, lagen sehr schwierige Jahre hinter ihr, die geprägt waren von Ablehnung und Misshandlungen durch die Mutter, von zahlreichen Krankheiten, einer unglücklichen ersten Ehe mit einem gewalttätigen Mann und extremen finanziellen Problemen.

Der Schriftsteller Peter Jerusalem[94] war erst wenige Wochen davor auf die junge Frau aufmerksam geworden, die sich als Diktatschreiberin ihren Lebensunterhalt verdienen wollte. Beeindruckt von ihrer ungewöhnlichen Lebensgeschichte, die

Ausgewählte Werke:
Erinnerungen einer Überflüssigen, 1912
Lausdirndlgeschichten, 1913
Mathias Bichler, 1914
Die Rumplhanni, 1916
Madam Bäuerin, 1919

Biografie:
Günter Goepfert *Das Schicksal der Lena Christ*, 1989

Biografischer Roman:
Asta Scheib *In den Gärten des Herzens. Die Leidenschaft der Lena Christ*, 2002

sie ihm in einer sehr offenen und einfachen Sprache und mit außergewöhnlicher Darstellungskraft schilderte, überredete er sie dazu, ihre Erinnerungen aufzuschreiben. In dieser Zeit erfolgte der Umzug in das beschauliche Fürstenfeldbruck, wo man eine kleine Mansardenwohnung »in einem Landhaus mit großem Garten« in der Dachauer Straße 8 mietete. Der Wegzug aus München war notwendig geworden, weil die anfänglich rein geschäftliche Beziehung der Schreibkraft Lena Christ zu ihrem Arbeitgeber Peter Jerusalem sich zu einer Liebesbeziehung gewandelt hatte. Schwierigkeiten mit dem Vermieter und wohl auch den Behörden waren eingetreten. Im September 1911 kehrte das Paar nach München in die Hohenzollernstraße zurück.

In seinen Lebenserinnerungen schrieb Peter Jerusalem Jahre später, dass in Fürstenfeldbruck »in gemeinsamer Arbeit die erste Hälfte der *Erinnerungen einer Überflüssigen*« entstand. Da Lena Christ ihren Lebensgefährten in diesen Monaten mehrmals wöchentlich nach München begleitete, wo er in der Barerstraße Sprachunterricht erteilte, schrieb sie, während sie auf ihn wartete, den größten Teil ihres ersten Buches tatsächlich auf einer der Anlagebänke vor der Neuen Pinakothek. In diesem Werk gab Lena Christ einen leicht verschlüsselten Lebensrückblick, der ihr half, ihr eigenes Schicksal zu bewältigen.

Zeitlebens beanspruchte Peter Jerusalem eine Art Mitautorschaft an den Werken Lena Christs, die ihm nach neueren Forschungen keinesfalls zustand. Er leitete auch seine finanziellen Ansprüche aus der Tatsache ab, dass es die Dichterin Lena Christ ohne ihn nie gegeben hätte.[95]

Im Sommer 1912 erschien schließlich ihr Buch *Erinnerungen einer Überflüssigen*, das von den ersten sieben glücklichen Jahren des unehelichen Mädchens beim geliebten Großvater im bäuerlichen Glonn erzählte und von der Hassliebe zur Mutter, die das Kind nach München in ihre Gastwirtschaft holte. Lena Christ schildert eindrucksvoll und ohne Rührseligkeit, wie sie auf die gnadenlose Ausbeutung, die zahlreichen Misshandlungen und den Essensentzug durch die hartherzige Mutter mit Fluchtversuchen reagierte. Man erfährt, wie die intelligente, phantasievolle junge Frau als Novizin in ein Kloster eintrat, das sie bald wieder verließ, einen Selbstmordversuch unternahm und schließlich mit 19 Jahren ihren ersten Mann, den Buchhalter Anton Leix, heiratete, der ihr immer wieder Gewalt antat und von dem sie in wenigen Jahren sechsmal schwanger wurde, drei Fehlgeburten erlitt und drei Kinder gebar. Finanzielle Probleme, geschäftlicher Konkurs und schließlich eine Verurteilung ihres Mannes wegen Veruntreuung trieben Lena mit ihren Kindern in eine verzweifelte Notlage. Abgewiesen von der eigenen Mutter und den Schwiegereltern, die lediglich ihr ältestes Kind, den Sohn bei sich aufnahmen, sank die körperlich geschwächte Frau in immer größeres Elend. Durch das kostenlose »Trockenwohnen« in neu errichteten Häusern, in denen »das Wasser von den Wänden tropfte«[96], zog sie sich eine lebensbedrohliche Lungenkrankheit[97] zu. Nach dem Zusammenbruch auf offener Straße wurde sie ins Schwabinger Krankenhaus eingeliefert, und ihre beiden kleinen Töchter (5 und 7 Jahre alt) wurden in ein Waisenhaus nach Moosburg gebracht. Hier enden die *Erinnerungen einer Überflüssigen*, doch lassen sich aufgrund von Unterlagen und verschiedenen Biografien die weiteren Lebensstationen der Schriftstellerin gut rekonstruieren. Monate später – nach ihrer Entlassung aus dem Krankhaus – versuchte sie wieder Boden zu fassen und verdiente sich etwas Geld durch Schreibarbeiten. Sie konnte allerdings ihre Kinder zunächst nicht wieder zu sich holen. Erst als sie Peter Jerusalem kennen lernte und ihr erstes Buch veröffentlichte, nahm ihr Leben für wenige Jahre einen ruhigeren Verlauf. Ihr Werk brachte ihr Erfolg und Anerkennung, sie heiratete noch im selben Jahr den weniger begabten Schriftsteller Peter Jerusalem, zog in eine größere Münchner Wohnung und holte endlich ihre beiden Mädchen

zu sich. Sie verkehrte in den damals sehr lebhaften Künstlerkreisen, freundete sich u.a. mit Ludwig Thoma an und fand Verleger für ihre weiteren Werke, die heute zu den bedeutendsten Dichtungen Altbayerns zählen.

Nur kurze Zeit dauerte dieses Glück. Der Erste Weltkrieg brachte eine Entfremdung zwischen den Eheleuten, gegen Ende des Kriegs löste sich Lena von Peter Jerusalem. Durch eine Liaison mit einem jungen kriegsversehrten Musiker und durch die Inflation geriet sie in wirtschaftliche Schwierigkeiten. In ihrer Verzweiflung versuchte sie, wertlose Gemälde, die sie mit falschen Signaturen berühmter Maler fälschte, aus ihrem Besitz zu verkaufen. Um der drohenden Gefängnisstrafe wegen dieses Betruges zu entgehen und ihre Ehre und die ihrer Kinder zu retten, nahm sie sich am 30. Juni 1920 auf dem Münchner Waldfriedhof das Leben. In ihren Tod war auch Peter Jerusalem verstrickt, der ihren Todeswunsch zumindest beförderte und ihr auch das tödliche Zyankali besorgt hatte.

Bis heute erfährt die Schriftstellerin große Anerkennung. In ihren Werken zeigt Lena Christ bei allem Unglück und aller Verzweiflung erstaunlich viel Kraft und Lebensfreude, oft gepaart mit Humor und Schlagfertigkeit. »Ihre Werke lassen das bäuerliche Milieu Bayerns im ausgehenden 19. und beginnenden 20. Jahrhundert lebendig werden: realistisch und scharf beobachtet ohne dabei ins Provinzielle abzugleiten und zu verklären.«[98]

Lena Chists Romane werden heute noch gelesen, »da ihre Kunst nichts von ihrer Sprachkraft und Eindringlichkeit verloren hat. Lena Christ gehört zu den stärksten und schärfsten Beobachtern ihrer Epoche, sie war wie eine Art Teleskop, durch das man in die Vergangenheit Altbayerns blicken konnte und kann. Zweifellos ist sie eine der größten Dichterinnen ihrer Zeit gewesen.«[99] »Ihre Figuren sprechen Mundart, aber sie ist keine Dialektdichterin. Sie schreibt in perfektem Hochdeutsch, in dem das Bayerische durchschimmert. Mit ihrer kraftvollen Sprache zeichnet sie überzeugende Charaktere, beschwört lebendige Bilder des bäuerlichen und des kleinbürgerlichen Lebens herauf. Als Heimatdichterin ohne Sentimentalität geht sie der menschlichen Existenz auf den Grund.«[100]

A.M.

Franziska Reiss

*Schwindkirchen (Mühldorf am Inn) 3. August 1881
†25. Februar 1965
Fürstenfeldbruck

Erst als sie sich 1926 mit ihrem Mann in Fürstenfeldbruck niedergelassen hatte, begann Franziska Reiss zu schreiben. Sie war damals bereits 45 Jahre alt.
Nach ihrer Erziehung bei den Franziskanerinnen in Au am Inn, die sie seit dem zehnten Lebensjahr genossen hatte, arbeitete die Kaufmannstochter zunächst einige Zeit im elterlichen Geschäft in Schwindkirchen mit. Dort lernte sie die Bauernkundschaft, ihre Sitten und ihr Brauchtum genau kennen. Als sie zu schreiben begann, kamen ihr diese Erfahrungen sehr zugute. Ihre Menschenkenntnis konnte sie weiter vertiefen, als sie eine Anstellung bei der Reichsbahn erhielt. Bis zu ihrer Heirat 1926 war sie dort berufstätig.
Die beiden altbayerischen Heimatromane *Age, die Müllerin an der Goldach* und *Das Sündenhäusl* sind ihre bekanntesten Werke. Sie schrieb in

Ausgewählte Werke:
Die Pfandhofbäuerin, 1928
Der ersehnte Morgen, 1928
Mondnacht, 1931
Age, die Müllerin an der Goldach, 1940
Das Sündenhäusl, 1940
Der Schwur, 1947

bayerischer Mundart und entwarf in zahlreichen Monologen und Zwiegesprächen das Bild des liebenswerten und warmherzigen Bayern.
Die Romane der Heimatdichterin erreichten einen größeren Leserkreis durch Erstabdrucke in der »Münchner Zeitung«. Auf dem Klappentext ihres Romans *Age, die Müllerin an der Goldach* wird das Buch als »geruhsame, gediegene Lektüre« und als »ein Feierabendbuch für schlichte Menschen auf dem Lande und in der Stadt« sehr treffend beschrieben.

A.M.

Hans Ernst

*München 9. November 1904
†30. August 1984 Kolbermoor

Das Nachwort zu seiner Lebenserinnerung *Die Hand am Pflug. Vom Bauernknecht zum Volksschriftsteller* unterzeichnet Hans Ernst als »Roßbua, Unterknecht, Oberknecht, Schauspieler, Gendarm, Schriftsteller, Kegelbruder und Präsident des Stammtisches *Männertreu*«. Diese Bezeichnungen markieren auch die wesentlichen Stationen seines Lebenswegs. Bis heute ist Hans Ernst vielen Lesern in Süddeutschland, in Österreich und der Schweiz als Verfasser von Heimatromanen ein Begriff. Er schrieb mehr als einhundert Heimatromane, vier Theaterstücke und zahlreiche Kurzgeschichten.

Ausgewählte Werke:

Das verlorene Glück, 1932
Wenn sich Herz zum Herzen findet, 1935
Wenn die Heimatglocken läuten, 1940
Der Dreidirndlhof, 1952
Im Herbst verblühn die Rosen, 1956
Die Posthalter-Christl, 1957
Unter der Benediktenwand, 1959
Eine Hand voll Heimaterde, 1965
Die Hand am Pflug, 1973

In seiner Biografie erzählt er fast wie in einem Fortsetzungsroman von seinen Kindertagen als Münchner Großstadtjunge, der früh seine Mutter verlor, der im Ersten Weltkrieg den Hunger kennen lernte, dem auch das Waisenhaus nicht erspart blieb, als sein Vater in den Krieg musste. Er schildert, wie er zu Bauern nach Niederbayern verschickt wurde, wo er »die kostbare Milch gleich literweise zu trinken bekam« und daraufhin beschloss, seinen Lebensunterhalt auf dem Land zu verdienen. Er erlebte alle Stationen eines Bauernknechts; die erste davon in Emmering kurz nach dem Ersten Weltkrieg. Seine Schilderung des Aumiller'schen Gutshofes und seiner Fahrten mit dem »Milchwagerl« nach Fürstenfeldbruck zeigt auf anschauliche Weise die Situation der Dienstboten in der Gegend von Fürstenfeldbruck.

Weitere Anstellungen folgten, bis Hans Ernst schließlich als Oberknecht in Glonn arbeitete. Hier nahm sein Leben erneut eine Wende und er fand sich plötzlich als »jugendlicher Liebhaber« in der Schauspieltruppe eines bayerischen Bauerntheaters wieder, mit der er einige Jahre durch die Lande ziehen sollte. In dieser Zeit fand er die Zeit und den Mut, einen ersten Roman zu schreiben, der 1932 unter dem Titel *Das verlorene Glück* erschien und sofort großen Erfolg hatte. Dieser Erfolg ermöglichte es ihm, sesshaft zu werden und eine Familie zu gründen. Der Großteil seiner Romane entstand in den 50er und 60er Jahren des 20. Jahrhunderts. Er bediente das Bedürfnis nach genrehaften Heimat- und Naturschilderungen und »urwüchsiger Heimatromantik«. Zusätzliche Bekanntheit erfuhr Hans Ernst, als Luis Trenker seinen Roman *Im Herbst verblühn die Rosen* unter dem Titel *Wetterleuchten um Maria* verfilmte. Weitere Verfilmungen seiner Romane folgten.

Mit seinem autobiografischen Werk *Die Hand am Pflug* gelang Hans Ernst im Jahr 1973 ein offener und anrührender Bericht über seinen Werdegang. Er offenbarte sich darin als ein Mensch, der trotz aller Schwierigkeiten und sozialer Nachteile nicht verzweifelte und dem erstmals mit 14 Jahren klar wurde, dass er »von jetzt an (sein) Schicksal selber in die Hand nehmen müsse«[101].

A.M.

Hinaus aufs Land –

für Wochen, Monate oder Jahre

Von denen Tüchtern

Was die Dichter wohl bewegt,
welche mit verteilten Rollen
jubeln, zwitschern, säuseln, grollen?
– Oft schon hab' ich's überlegt.

Öffnen sie ihr Interieur,
bloß um Einblick zu gewähren
in aparte eigne Sphären?
Oder geht ihr Streben höh'r?

Wodamit ich sagen will:
wollen sie mit ihren Rhythmen
sich der Pädagogik widmen?
Ist ihr Endzweck Seelendrill?

Soviel scheint mir heute klar:
sie spendieren ihren Segen
einesteils honoris wegen,
anderntheils um Honorar.

Hans Erich Blaich (1873–1945), *Idyllen und Katastrophen*, 1940

Hans Erich Blaich
alias Dr. Owlglass
alias Ratatöskr

*Leutkirch 19. Januar 1873
†29. Oktober 1945
Fürstenfeldbruck

Hans Erich Blaich wurde vor allem unter dem Pseudonym Dr. Owlglass bekannt, das er jede Woche unter seine bissig-satirischen Gedichte für die Zeitschrift »Simplicissimus« schrieb.
Der schwäbische Arzt und Dichter lebte 34 Jahre lang von 1911 bis zu seinem Tod im Jahr 1945 in Fürstenfeldbruck. Dichtung und Prosa im Werk von Blaich spiegeln auch den Ort Fürstenfeldbruck wider, der ihm zur zweiten Heimat geworden war.
Von sich selbst schrieb der Dichter bereits 1904: »Dr. Owlglass ist ein Schwabe und zwar alemannischer Observanz. Er ist anno 1873 in Erscheinung getreten oder handgreiflich geworden oder wie man will; fast 700 Meter über der Nordsee, worauf er sich denn auch natürlich denen nördlichen Herren Konfratri-

Ausgewählte Werke:

Hinter den Sieben Schwaben her, 1926
Allotria, 1927
Lichter und Gelichter, 1931
Stunde um Stunde, 1933
Kleine Nachtmusik, 1936
Idyllen und Katastrophen, 1941
Gegen Abend, 1940
Damals, 1941
Im letzten Viertel, 1942
Scherzo, 1942
Auf den Nachttisch zu legen, 1942
Tempi Passati, 1947

bus gegenüber nicht wenig zugut tut. Durch allerhand Schulmeisterprinzipien ward er sodann durchfiltriert und auch sonst nicht unbeträchtlich nach links und rechts an den Ohren gezogen. Philosophika wurden ergiebig studiert, auch den Geist der Medizin glaubte er einigermaßen erfasst zu haben. Jedenfalls ist er seit sechs Jahren als praktischer Arzt, Wundarzt und Geburtshelfer tätig, lernte den Tod in mancherlei Gestalt kennen und das Leben – reservatis reservandis – lieb gewinnen.« Legt man diesem eigenen Lebenslauf historische Fakten zugrunde, so erfährt man, dass Blaich der Sohn des Leutkircher Stadtschultheißen Jakob Blaich war, und da das Rathaus zugleich sein Elternhaus war, »drängte das öffentliche Leben bis in die Kinderstube«[102]. Nach dem Abitur, mit dem er nach eigenen Angaben die Schule »als Freidenker und Feind des konfessionellen Kirchenwesens« verließ, studierte er von 1892 bis 1898 Medizin in Tübingen, Philosophie in München und in Heidelberg wiederum und abschließend Medizin. Dies geschah nicht aus alleinigem Interesse am medizinischen Fach, sondern bot ihm auch eine sichere Perspektive zur sozialen Absicherung. Er sah darin die Möglichkeit, seinem literarischen Drang eine materielle Grundlage zu geben. Als 20-jähriger erkannte er aber bereits, dass es im Falle des beruflichen Wechsels zum »journalistisch verwertbaren Literatentum« höchst unklug wäre, »durch ein schlechtes Examen in Medizin der kritischen Welt Grund zu Vermutungen über das Warum? zu geben«. So brachte er das eine – die Medizin – mit sehr gutem Erfolg zum Abschluss, um für das andere – die Dichtung – den nötigen Freiraum zu haben.[103] Um seine Literatenrolle zu stabilisieren suchte und fand Blaich zahlreiche Bekanntschaften mit anderen Autoren und Herausgebern sowie Mitarbeitsgelegenheiten an vorwiegend satirischen Zeitschriften wie »Jugend« und »Simplicissimus«. Dieser letzten sollte er Jahrzehnte treu bleiben; seine Arbeit für sie beeinflusste sein literarisches Schaffen auf ganz entscheidende Weise. Schon während seines Medizinstudiums wurden einige seiner politisch-satirischen Gedichte dort abgedruckt (1897). Seiner Approbation folgte von 1898 bis 1903 eine Spezialausbildung zum Lungenfacharzt. Nach seiner Eheschließung mit der aus Ulm stammenden Fotografin und Bildhauerin Anna Strobel, die er schon seit seiner Schulzeit kannte und mit der er ein Leben lang eine sehr gute, wenn auch kinderlose Ehe führte, arbeitete er für drei Jahre als Assistenzarzt in einem renommierten Lungensanatorium in Davos. Nach seiner Promotion zum Dr. med. im Jahr 1906 ließ er sich als Lungenfacharzt in Stuttgart (1906–1908), wo er nähere Bekanntschaft mit Wilhelm Raabe schloss, und später in Pasing bei München (1908–1911) nieder.

Am 2. Oktober 1911 bezog das Ehepaar Blaich eine Wohnung in einem gemieteten Häuschen in Fürstenfeldbruck, Josefspitalstr. 11[104]. Obwohl er in dieser Zeit bereits das Schreiben und die Mitarbeit »am Simplicissimus« als seine eigentliche Lebensaufgabe betrachtete, betätigte sich Hans Erich Blaich in Bruck von 1913 bis 1925 auch als Lungenfacharzt und Kinderarzt. Von 1912 bis 1924, als er Redakteur und Schriftleiter »am Simpl« war, fuhr Blaich täglich mit dem Zug von Fürstenfeldbruck nach München, später reduzierte er seine Fahrten auf dreimal wöchentlich. Vertraglich war er zur Lieferung von fünf Gedichten monatlich an den »Simplicissimus« verpflichtet. Er schrieb diese und anderes unter zwei Pseudonymen, die geheimnisvoll und zugleich aussagekräftig sind: Dr. Owlglass[105] und Ratatöskr[106]. Als Owlglass-Eulenspiegel hielt er der Welt des Dünkels und der Geschäftigkeit den Spiegel vor, als Eichhörnchen Ratatöskr aus der Sagenwelt der Edda springt er auf der »Weltesche« zwischen den feindlichen Welten des Guten und des Bösen hin und her und überbringt drohende Botschaften. In einer Biografie über Blaich schildert der Autor Wilhelm Theobold diesen Sachverhalt sehr treffend: »So hat sich der große Poet denn gewissermaßen in zwei Lebewesen gespalten, die allerdings durch einige gemeinsame Charakterzüge vereint bleiben – nicht zuletzt durch die Spottlust –, die aber doch mit verschiedenen Zungen reden können. Dem Dr. Owlglass ist die nachdenkliche, auch in den metaphysischen Bereich eindringende Betrachtung vorbehalten, während Ratatöskr sich an die Tatsachen hält und ganz dem Diesseits verhaftet bleibt.«[107] Auch der Stil der beiden Pseudonyme ist unterschiedlich: Lässt sich Dr. Owlglass manchmal auf ganz leise und sanfte Töne bis hin zum Ausdruck lyrischer Empfindung ein, ist Ratatöskr immer sehr direkt, manchmal sogar grob und unverfroren und greift schon mal zu Kraftausdrücken, ohne allerdings die Leichtigkeit der Verse aufs Spiel zu setzen. Auch im Privatleben von Blaich trifft man auf Widersprüchliches: Er war Lungenspezialist und Kettenraucher, er widmete dem Wein häufig preisende Verse, obwohl er ihn nur sehr selten genoss. Er liebte die Einsamkeit und war

doch als Arzt tätig. Und wenn man Einblick in seine privaten Gedanken nimmt, die er in seinen Tagebüchern aufgezeichnet hat, ist man überrascht, wie häufig dieser vor Witz sprühende Dichter seine eigene Befindlichkeit mit »Schware (!) Depression« beschreibt. Die pünktliche Produktion seiner Auftragsgedichte scheint ihm nicht immer leicht gefallen zu sein. Das tagespolitische Ereignis musste ebenso berücksichtigt werden wie die Kalenderzeit. Blaich war ein Liebhaber der Kalenderliteratur, datierte sogar seine Briefe nach den Sonn- und Festtagsbezeichnungen des Kirchenkalenders. Seine Kalendergedichte begleiteten den »Simplicissimus«-Leser durch das Jahr. Dabei nahm Blaich häufig die Kirchenfeste zum Anlass, die unchristliche Härte von Kirchgängern oder abergläubische Auswüchse konfessionellen Christentums bloßzustellen. Seine Lyrik, die er sozusagen für den Tag schreibt, ist stets kristallklar im Ausdruck, unerhört flüssig und von großer sprachlicher Eleganz[108].

Der Erste Weltkrieg brachte auch für Blaich große Veränderungen. Obwohl er die allgemeine Begeisterung aus kühler Distanz betrachtete und sich nicht wie »viele teutsche Tichter« mit Hurrageschrei zu den Waffen meldete und dies »der Welt umgehend im Berliner Tageblatt oder sonst wo zu wissen«[109] tat, stellte er sich als Arzt zur Verfügung und »dressier(t)e Bürger- und Bauerntöchter in der Verwundetenpflege, bis unser hiesiges Rotkreuz-Lazarett andere Arbeit bringt«.[110] Sein Gastspiel dauerte jedoch nicht lange. Als das Münchner Generalkommando die Lektüre des »Simplicissimus« in den Lazaretten verbot, zog er die Uniform wieder aus.[111]

Seine Solidarität mit dem »Simplicissimus« und den Kollegen blieb also auch während des Ersten Weltkriegs bestehen, obwohl diese Zeitschrift unter der Leitung von Ludwig Thoma in einer Weise deutsch-nationale Texte herausgab, die Blaich nicht guthieß. In der privaten Korrespondenz ließ er durchaus Vorbehalte gegen den patriotisch-reaktionären Stil Ludwig Thomas erkennen, äußerte aber seine Kritik am neuen Stil der Zeitschrift nie öffentlich. Besonders aufschlussreich ist in diesem Zusammenhang der Briefwechsel mit Kurt Tucholsky, zu dem Blaich seit 1913 freundschaftliche Kontakte pflegte. Bereits ab 1917 äußerte sich Tucholsky in seinen Briefen an Blaich zunehmend ablehnend gegenüber der positiven Einstellung der Zeitschrift »Simplicissimus« zum Weltkrieg und dem Einfluss des nationalkonservativen Ludwig Thoma. Als Tucholsky allerdings seine Kritik in der »Weltbühne« öffentlich machte, kam es zum Bruch der Freunde. So schrieb Blaich am 10. März 1920 nach Berlin: »Verehrtester Herr Doktor. Gestern bekam ich zufällig Ihre Glosse über Thoma's *Erinnerungen* in der »Weltbühne« zu sehen. Ich urteile über manches ähnlich wie Sie, nur missfiel mir der etwas überhebliche Ton. Dann aber sprechen Sie vom ›Simplicissimus‹ und das in einer Weise, die mich zu meinem aufrichtigen Bedauern nötigt, unsre Korrespondenz abzubrechen. Über Ihre Auffassung will ich nicht mit Ihnen streiten; aber Sie wissen, dass ich Redakteur an dieser Zeitschrift bin, und Sie sollten wissen, dass ich es keinen Augenblick länger bliebe, wenn ich meine persönliche Überzeugung beugen müsste. Da geht es nicht an, dass wir privatim miteinander kosen, während Sie öffentlich in schärfster kritischer Form dem Simplicissimus die weitere Existenzberechtigung absprechen. Das wäre eine zweideutige Sache – und ich liebe klare Verhältnisse. Leben Sie denn also wohl und seien Sie für die freundliche Gesinnung, die Sie mir durch manches Jahr erwiesen haben, aufrichtig bedankt. Ihr ergebener H. E. Blaich.« Kurt Tucholsky soll diesen Bruch sehr bedauert haben.[112]

Das Jahr 1923 brachte für den Dichter und Arzt den Verlust seines Barvermögens durch die Inflation. Trotzdem entschloss er sich 1925 zum Bau eines eigenen Hauses in der Dachauer Str. 54. Dafür nahm er erhebliche Schulden auf sich, die er nur langsam bis zum Zweiten Weltkrieg abzahlen konnte. Ab 1924 schied er aus der Redaktion des »Simplicissimus« aus, um als freier Schriftsteller zu arbeiten. Er blieb aber auch in dieser Zeit freier Mitarbeiter beim »Simpl« und lieferte seine Wochengedichte ab. Das Ehepaar Blaich richtete sich das kleine Haus nach eigenen Vorstellungen ein. Seine Frau modellierte in eigener Werkstatt im Untergeschoss, u.a. auch eine Büste ihres Mannes. Blaich selbst hatte sein Studierzimmer mit unzähligen wertvollen Büchern und vielen schönen Grafiken seiner Freunde ausgestattet. Sein Blick aus dem Arbeitszimmer ging hinaus ins Emmeringer Hölzl, das er fast genauso liebte wie seinen Garten. Die späten Zwanziger Jahre brachten viele Besuche von Schriftstellern und Künstlern nach Fürstenfeldbruck. Zudem führte er lebhaften Schriftwechsel mit mehreren bedeutenden Dichtern seiner Zeit (Hermann Hesse, Wilhelm Raabe, Ludwig Thoma usw.). Enge Freundschaft verband ihn mit dem schwedischen Maler und Zeichner Olaf Gulbranson, der auch einige seiner Bücher illustrieren sollte. Obwohl er sehr zurückgezogen lebte, genoss er die Abende mit guten Freunden, bei anregenden Gesprächen oder bei musikalischen Unterhaltungen. Er selbst spielte ausgezeichnet Violine. Auch in Fürstenfeldbruck hatte er einige gute Bekannte und Freunde. So zählte die Familie des Kunstmalers Henrik Moor zu den engsten Freunden des Ehepaars Blaich. Er war auch Trauzeuge des Malerehepaars Selma und Adolf Des Coudres. Spä-

ter kam noch die Bekanntschaft mit der Schriftstellerin Else Wibel hinzu, die ihn sehr bewunderte. Für seinen Kollegen und Freund Michael Kohlhaas, der seit 1917 ebenfalls in Fürstenfeldbruck lebte, schrieb er 1925 das Vorwort zu seinen Erzählungen *Von Papst Urban IV. bis zur Schallhammer Kathl*[113]. Mit dem Fürstenfeldbrucker Arzt Dr. Hermann Reuss[114] unternahm er zahlreiche Ausflüge in die nähere Umgebung. Reuss scheint ihn darüber hinaus häufig mit Neuigkeiten aus dem gemeinsamen Wohnort versorgt zu haben. Immer wieder beschrieb Blaich in seinen Gedichten und in seinem Tagebuch die Spaziergänge über die Ludwigshöhe, Pfaffing, Gelbenholzen und anschließend »zurück über die Felder nach Emmering«. Hin und wieder besuchte er auch Fürstenfeld für einen »Vesperhappen«. Seinen Wohnort »Bruck« empfand er durchaus als weltabgeschieden oder provinziell. Sich selbst bezeichnete er zuzeiten als »armen Provinzschimmel«[115] und Bruck als »Nest«[116]. Doch ohne Zweifel genoss er die Ruhe und war »immer wieder sündenfroh«, wenn er nach seinen Münchenfahrten »nach Haus kommen und mich in meinen Stuben und im Garten umsehen« konnte.[117] Blaich war durchaus auch ein politischer Dichter. Dies wird allerdings nur deutlich, wenn man den »Simplicissimus« durchsieht, da er seine meist auf das Tagesgeschehen bezogenen politischen Verse nicht in seine in Buchform veröffentlichten Gedichtsammlungen aufnahm. In seinen tagespolitischen Gedichten, die meist unter dem Pseudonym des scharfzüngigen Ratatöskr erschienen, nahm er kein Blatt vor den Mund. Ob es die Räterepublik, die Weimarer Republik mit ihrer großen Inflation war oder – bis 1933 – Adolf Hitler. Er verhöhnte die braune Bewegung und machte ihr volkstümelndes Gehabe lächerlich. Dennoch – und dies verwundert in zweifacher Hinsicht – wurde Blaich 1933 erneut zum Schriftleiter am »Simpl« ernannt und willigte ein, in dieser Funktion »interimistisch« tätig zu sein. Blaich gehörte zu den Literaten, die 1933 in den Zeitschriften die Lücken füllten, die durch Exilierung und Ausschaltung jüdischer Autoren entstanden waren. Blaich sah sich veranlasst, an einer Loyalitätserklärung mitzuformulieren, die aus vermeintlichem Patriotismus dem Nationalsozialismus »und seinen großen Zielen im Innern wie nach außen zu dienen« versprach.[118] Die Konzessio-

nen Blaichs hielten sich allerdings in Grenzen. Er übte die Funktion des Schriftleiters bis 1935 aus und schied dann auf eigenen Wunsch aus, da er die Bevormundung der Nationalsozialisten nicht länger hinnehmen wollte. Doch auch dann blieb er noch freier Mitarbeiter am »Simpl« und lieferte allwöchentlich sein Gedicht ab.[119] Blaich arbeitete nun wieder als freier Schriftsteller.[120] Dass er in der Zeit des Nazi-Regimes einige Bücher publizierte, von denen der Gedichtband *Scherzo* sogar als Frontausgabe gedruckt wurde, lässt uns heute unruhige Blicke auf seine Arbeit in dieser Zeit werfen. Doch wenn auch direkte Angriffe auf Nationalsozialisten und Hitler unterblieben und er in seinen Gedichten »eine Poetik des Rückzugs«[121] präsentierte, lassen seine Briefe und Tagebucheintragungen – vor allem während der Kriegszeit – deutlich erkennen, dass er das Ende dieses Zeitalters herbeisehnte. So schrieb er 1943 an seinen Freund Dr. Brantl: »... das (mir unbekannt gewesene) Zitat aus dem *Reich* dünkt mir ein propagandistischer Trick zwecks Aufpulverung aus der Goebbelschen Apotheke zu sein; ein schauerliches Niveau. Wenn wir's erleben, werden wir's ja erleben; jedenfalls zöge ich nachgerade ein Ende mit Schrecken dem Schrecken ohne Ende vor.«[122]
Als die Zeitschrift »Simplicissimus« 1944 eingestellt wurde, verlor Blaich auch die Lust am Schreiben. So schilderte er am 9. Oktober 1944 dem Rechtsanwalt Dr. Brantl seine Lebenssituation: »... Nur dass ich eben die Harfe an den Nagel gehängt habe, seit der Simpl. mit Tod abgegangen ist; bloß noch scheinlebendig war er ja schon seit Jahr und Tag – und an einer Wiederauferstehung (in welcher Fasson und quibus auxiliis?) glaub ich vorläufig nicht. Ist es die fehlende Verpflichtung oder die nicht mehr funktionierende ›Gnade‹ – jedenfalls bin ich seit Wochen steril und drehe den rechten Daumen um den linken und umgekehrt. Gott besser's!«

Beim Einmarsch der Amerikaner im April 1945 musste Blaich mit seiner Frau aus seiner Wohnung ausziehen, da diese von amerikanischen Offizieren belegt wurde. Man wies ihn ins Nachbarhaus ein. Diese Behandlung traf ihn schwer, da er das Ende des Krieges und die Befreiung durch die Amerikaner herbeigesehnt hatte. Im September 1945 – nach Fürsprache eines Emigranten – durfte er wieder in sein völlig verwüstetes und verdrecktes Haus einziehen. Er bekam ein amerikanisches Schild »Off limits« an seine Haustüre. Eine 1944 durchgemachte Lungenentzündung hatte seinen Körper geschwächt. Er erholte sich unter den körperlichen Entbehrungen und den seelischen Belastungen nicht mehr richtig und starb nach einem Hirnschlag am 29. Oktober 1945.

A.M.

Otto Falckenberg

*Koblenz 5. Oktober 1873
†15. Dezember 1947 Starnberg

Das Urteil Lion Feuchtwangers, Otto Falckenbergs heiter-tiefe Komödie in vier Aufzügen *Doktor Eisenbart* sei »gesegnet mit allen guten Geistern früher deutscher Kunst«[123] hat heute noch Gültigkeit. Doch die Komödie ist vom Spielplan deutschsprachiger Bühnen längst verschwunden. Geschrieben wurde sie 1907 in der Emmeringer Villa Falckenbergs, wo er seit 1903 lebte. Ihre Uraufführung fand ein Jahr später in Mannheim statt. Falckenberg verbindet in dieser Komödie Elemente der deutschen Volksdichtung, – des Schelmenromans – mit Nicolò Machiavellis *Mandragola* (*Die Springwurz*, entstanden um 1520). Darin

Ausgewählte Werke:

Doktor Eisenbart, Komödie, 1907
Ein deutsches Weihnachtsspiel, 1916
Die Fahrt ins Wunderbare – Märchen deutscher Dichter, 1911

Biografien:

Wolfgang Petzet, *Otto Falckenberg. Mein Leben. Mein Theater*, 1944
Friederike Euler, *Der Regisseur und Schauspielerpädagoge Otto Falckenberg*, 1976

geht es um einen Liebeshandel, wie ihn die italienischen Novellisten der Renaissance in allen Facetten durchspielten. Wie Machiavelli lässt sich Falckenberg in seinem *Doktor Eisenbart* von einem unerschrockenen Realismus leiten, der frei ist von ablehnenden oder zustimmenden Vorurteilen. Falckenberg ist nicht Partei. Er ist Beobachter und seziert in seinem »in grauer Vorzeit« spielenden Stück gesellschaftliche Zustände der Prinzregentenzeit.

Bevor Falckenberg seinen *Doktor Eisenbart* schrieb, stellte er 1906 sein ebenfalls in Emmering entstandenes *Ein deutsches Weihnachtsspiel* vor, das schon viel vom *Doktor Eisenbart* vorwegnimmt. Dieses Stück wurde von Bernhard Stavenhagen vertont, der sich übrigens damals ebenfalls in Emmering aufhielt. Es wurde im Entstehungsjahr in München uraufgeführt. Kritiker stellten in diesem heiteren Weihnachtsspiel »neuromantische« Züge fest. Auch als Herausgeber war Otto Falckenberg in seiner Emmeringer Heimat aktiv: 1911 erschien das Buch *Die Fahrt ins Wunderbare – Märchen deutscher Dichter*.

Otto Falckenbergs Vater hatte einen gut gehenden Musikverlag und eine florierende Musikalienhandlung in Koblenz. Das Vermögen seiner elterlichen Familie machte dem jungen Falckenberg ein ungebundenes Leben als Schriftsteller, Laienregisseur und Kunstliebhaber möglich. Nach dem Besuch des Gymnasiums in seiner Heimatstadt studierte er in Berlin und schließlich in München. Falckenberg belegte die Fächer Philosophie, Literaturwissenschaft und Kunstgeschichte.

Wie in Berlin schloss er sich auch in München Schriftstellerkreisen an und engagierte sich im Akademischen Dramatischen Verein. Er war Mitbegründer des Münchner Goethebundes und schließlich des legendären literarischen Kabaretts »Die elf Scharfrichter«, das im Gasthaus »Zum goldenen Hirschen« in der Türkenstraße seine erste Heimstatt hatte. Darüber vernachlässigte er zwar sein Studium, in der Familie nahm man dies aber nicht weiter krumm. Sie stellte dem jungen Schöngeist die Mittel zum Erwerb eines großzügig geschnittenen Grundstückes an der Amper und zum Bau der Villa zur Verfügung, die bald zum Treffpunkt Münchner Schriftsteller und Theaterleute wurde. München leuchtete damals, wenn auch in anderem Sinn als es Thomas Mann verstand, der in einem Brief an den Schriftsteller Otto Grautoff von einer »unlitterarischen Stadt« sprach. Es war ein Kommen und Gehen im Haus Falckenberg. Auch Otto Grautoff, dessen Romane kapitelweise auch im Fürstenfeldbrucker Wochenblatt veröffentlicht wurden, war unter den Gästen und viele andere, die seinerzeit gegen das berüchtigte Lex Heinze protestierten und deshalb den Goethebund gründeten.

Berthold Viertel, der im ersten Jahrzehnt des 20. Jahrhunderts immer wieder und auch wegen Falckenberg nach Fürstenfeldbruck »zur Sommerfrische« kam, schwärmte von der Gartenidylle und dem gastfreundlichen Haus. Spätestens als Otto Falckenberg die Intendanz der Münchner Kammerspiele übernahm, trennten sich die Wege. Das Gartenidyll als Laboratorium für neue Theaterideen war Geschichte. Der Alltag hatte die beiden eingeholt. Falckenberg zog weg von Emmering, arbeitete bis 1944 als Intendant an den Kammerspielen, führte in dieser Zeit in immerhin 125 Inszenierungen Regie, davon waren 30 Uraufführungen. Für das Schreiben eigener Bühnenwerke blieb keine Zeit mehr.

Die Münchner Kammerspiele, die früher ihr Domizil in der Augustenstraße in der Maxvorstadt hatten, wurden im Oktober 1912 eröffnet, als Nachfolgebühne des Münchner Lustspielhauses, das ab 1906 bestand. 1913 übernahm Erich Ziegler zunächst als kommissarischer Leiter, dann als künstlerischer Direktor das Haus. Ihm zur Seite standen Benno Bing und Hugo Ball, der später in Zürich den Dadaismus mitbegründete. Neue Akzente beim Bühnenbild setzte Paul Erkens. Mit seiner Dekoration für das während der Osterfestspiele 1914 aufgeführte Stück *Die Kornbraut* schlug er das Publikum in seinen Bann. Otto Falckenberg war vom Bühnenbild im ersten Akt und dem fanatischen Ernst fasziniert, mit dem das gesamte Ensemble das Stück spielte. Diese nachhaltigen Eindrücke waren ausschlaggebend für seinen Wunsch, an den Kammerspielen mitzuarbeiten. Weihnachten 1914 war es so weit. Ziegler erinnerte sich an das von Falckenberg einige Jahr zuvor in München aufgeführte *Deutsche Weihnachtsspiel*. Es wurde in den Kammerspielen neu inszeniert. Nach einigen wenigen Aufführungen wurde Otto Falckenberg zum Oberspielleiter und Chefdramaturgen berufen. Falckenberg sorgte sogleich für eine revolutionäre Neuerung: *Das Programm – Blätter der Münchner Kammerspiele* wurde von ihm als Schriftleiter herausgegeben und erschien erstmals 1915. Bis dahin war die heute gebräuchliche Art der Zusammenstellungen der künstlerischen Absichten der Theaterleitung und der jeweils aufgeführten Stücke unbekannt.

Die Welturaufführung des Stücks *Die Gespenstersonate* von Strindberg am 1. Mai 1915 brachte den Durchbruch für den Regisseur Falckenberg und war ein großer Erfolg für die Kammerspiele. Ein Jahr später kündigte Erich Ziegler. Er schied im Gegensatz zu seinem Vorgänger Eugen Robert in gutem Einvernehmen mit der Geschäftsleitung und den Inhabern der Kammerspiele, der Münchner Theatergesellschaft, aus. Neuer künstlerischer Leiter wurde Hermann Sinsheimer. Otto

Falckenberg, dem dieses Amt angetragen worden war, lehnte ab. Er wollte nicht den Anschein erwecken, er habe Zieglers Abschied forciert. Obgleich auch Sinsheimer Beachtliches auf die Bühnenbretter brachte, gab er schon nach einer Saison auf. »Sein Stil entsprach nicht dem sich an den Kammerspielen entwickelnden Stil«, kommentieren die Münchner Kammerspiele heute den Rücktritt Sinsheimers, der sich im Übrigen nicht mit Falckenberg und dessen einflussreichem Kreis verstand. Die Anhänger Falckenbergs trafen sich im nahe gelegenen Café Akropolis. Falckenberg zollte seiner Fangemeinde Reverenz, indem er als Signum für die Programmhefte einen stilisierten griechischen Tempel wählte. 1917 übernahm Falckenberg die künstlerische Leitung des Theaters.

In den nächsten neun Jahren bis zum Wegzug aus der Augustenstraße machte Falckenberg die Kammerspiele zu einer der künstlerisch bedeutsamsten Bühnen im deutschen Sprachraum mit einem einzigartigen Stil und einem engagierten Ensemble. Und er entdeckte das Theatergenie Bert Brecht. Falckenberg inszenierte, nachdem 1922 das Brecht-Stück *Trommeln in der Nacht* mit Erfolg uraufgeführt worden war, im gleichen Jahr noch selbst dessen Stück *Leben Eduards des Zweiten* und begründete damit das epische Theater. Die letzte Vorstellung in der Augustenstraße war am 31. August 1926 Paul Raynals *Das Grabmal des unbekannten Soldaten*; Falckenberg inszenierte das Stück selbst. Die »Graue Eminenz« der in finanzielle Schwierigkeiten geratenen Münchner Theatergesellschaft, Adolf Kaufmann, hatte, nachdem das Haus in der Augustenstraße an eine Vorläufergesellschaft der Bavaria Film AG verkauft worden war, das Gebäude an der Maximilianstraße angemietet, in dem sich heute noch die Kammerspiele, jetzt aber unter städtischer Trägerschaft, befinden.

Otto Falckenberg ist in Starnberg gestorben und liegt dort begraben.

W.K.

Hans Carossa

*Bad Tölz 15. Dezember 1878
†12. September 1959 Rittsteig

Mit dem bereits 1897 entstandenen, jedoch damals nicht veröffentlichten Gedicht *Stella mystica* betrat 1907 ein junger Arzt die literarische Bühne, die erst später seine wirkliche Heimat und Berufung werden sollte: Hans Carossa. Geboren in Tölz, wo sein auf die Familientradition stolzer und mit einer aus Altbayern stammenden Beamtentochter verheirateter Vater als Facharzt für Lungenkrankheiten praktizierte, war Hans Carossa ebenfalls für die ärztliche Laufbahn bestimmt. Der Urgroßvater Hans Carossas war, der Familientradition zufolge, als Feldarzt mit den napoleonischen Truppen aus

Ausgewählte Werke:
Doktor Bürgers Ende – Letzte Blätter eines Tagesbuchs, 1913
Die Flucht. Ein Gedicht aus Doktor Bürgers Nachlaß, Gedicht, 1916

Biografie:
Eva Kampmann-Carossa, *Hans Carossa: Leben und Werk in Bildern und Texten*, 1993

dem Piemont nach Bayern gekommen. Im Jahr 1897 nahm Carossa – die Familie lebte damals schon in Seestetten bei Passau – in München das Medizinstudium auf und fand schnell Kontakt zu literarischen Kreisen. Er verkehrte mit Richard Dehmel, Karl Wolfskehl, Rainer Maria Rilke, Frank Wedekind und anderen. 1903 promovierte er, praktizierte zunächst bei seinem Vater in Passau, dann in Nürnberg und ab 1905 in Fürstenfeldbruck. Er fühlte sich in der Marktgemeinde an der Amper nicht wohl, zumal die Erkrankung seines Vaters ihn zwang, sich auch zeitweise um dessen Praxis zu kümmern. Für ihn war der Aufenthalt in Bruck eine »Übergangszeit«, wie er in einem Brief an die Münchnerin Maria Ludovica Klotz schrieb, die ihn in seinen schriftstellerischen Ambitionen unterstützte und wohl auch manchmal materiell aushalf. In diesem Brief bedankt sich Carossa im Übrigen für eine Jacke, die ihm die Münchnerin geschenkt hatte und die »zu schön sei«, sie einfach so zu tragen. Nach dem Tod seines Vaters gab er seine ohnehin ungeliebte Stelle in der Brucker Arztpraxis auf und übernahm die väterliche Praxis in Rittsteig bei Passau.

1913 veröffentlichte er das stark autobiografisch gefärbte Buch *Doktor Bürgers Ende – Letzte Blätter eines Tagesbuchs*, dem er 1916 als Militärarzt im Ersten Weltkrieg das Gedicht *Die Flucht. Ein Gedicht aus Doktor Bürgers Nachlaß* folgen ließ. Schon in seinen frühen Werken wird die Verschmelzung des humanistischen Bildungsgutes, ähnlich wie bei der aus Halle stammenden, etwas jüngeren Schriftstellerin Ina Seidel, mit der verinnerlichten Seelenschau und der weisen Distanz des kühlen Beobachters deutlich. Diese Distanz hielt Carossa auch in den 30er Jahren zu den Nationalsozialisten. Carossa, der 1942 zum Präsidenten des Bundes europäischer Schriftsteller, einer von Göring in Weimar initiierten Vereinigung, gewählt wurde, war sich dieser Gratwanderung bewusst. 1953 wurde ihm das Große Verdienstkreuz der Bundesrepublik Deutschland verliehen. Er war Mitglied der Deutschen Akademie für Sprache und Dichtung und der Bayerischen Akademie der Schönen Künste.

W.K.

Waldemar Bonsels

*Ahrensburg 21. Februar 1880
†31. Juli 1952 Ambach

Waldemar Bonsels war ein gefragter Schriftsteller seiner Zeit. Seine Werke erreichten fast ausnahmslos hohe Auflagen. Heute noch gehört seine märchenhafte Erzählung *Die Biene Maja und ihre Abenteuer* zu den Klassikern der Kinderliteratur. 1912 wurde das Buch erstmals veröffentlicht, und in kürzester Zeit waren mehr als eine Million Exemplare verkauft. Das Buch wurde in mehr als 40 Sprachen übersetzt. Die Protagonistin des Romans, deren »Herz weit ist vor Glück über die Herrlichkeit der großen Erde, auf der sie leben durfte« muss im Laufe ihres jungen Lebens immer wieder erfahren,

Ausgewählte Werke:
Die Toten des ewigen Krieges, 1911
Die Biene Maja, 1912
Himmelsvolk, 1915
Indienfahrt, 1916
Menschenwege, 1917
Mario und die Tiere, 1927
Der Reiter in der Wüste
Marios Heimkehr, 1937
Mario. Ein Leben im Walde, 1939
Später schrieb Bonsels vermehrt Gedichte.

dass das Leben von der Ambivalenz der Naturgesetze bestimmt ist, von Aufgang und Niedergang, von Schönheit und Tod und vom Kampf machtgieriger Konkurrenten. Der ständige Wechsel zwischen hellstem Idyll und dunkelster Bedrohung ist kennzeichnend für den Charakter der Erzählungen.

Bonsels war ein weltoffener, unkonventioneller Mann. Schon im Alter von 17 Jahren entfloh er seinem Elternhaus und bereiste in den folgenden Jahren die ganze Welt. Bonsels besuchte einige Jahre als Missionskaufmann und dann auf eigene Faust Afrika, Indien, Südamerika, die Vereinigten Staaten und alle europäischen Länder. 1905 bis 1912 betrieb er mit Freunden einen kleinen Verlag in München, den er allerdings 1912 wieder aufgab, um sich der Schriftstellerei zu widmen. Am Ersten Weltkrieg nahm er zuerst als einfacher Soldat teil und 1918 als Kriegsberichterstatter der kaiserlich-deutschen Südarmee in Sibirien, Polen, Russland und im Baltikum.

In die Zeit des Ersten Weltkrieges fällt Bonsels Aufenthalt in Grafrath. Spätestens 1915 ist der Schriftsteller von Schleißheim dorthin umgezogen[124]. Seit 1919 wohnte er dann in Ambach am Starnberger See. Ob er sein heute bekanntestes Buch, *Die Biene Maja*, in Grafrath geschrieben hat, ist eher unwahrscheinlich. Erst 1915 hat Bonsels nachweislich in Grafrath gelebt. Von hier aus schrieb er an eine uns unbekannte Person, Herrn Schede, dass er in Kürze seine Erlebnisse als Soldat im Ersten Weltkrieg in der Form kleiner Erzählungen veröffentlichen werde: »Was ich sah, verschloss mir den Mund, ich konnte mich nicht entschließen dort draußen loszuschwätzen. Erst mit dem Abstand entsteht mir das Bild, das sich meinem Gewissen anpasst.«[125]
In die Grafrather Zeit fällt auch das Erscheinungsdatum von Bonsels autobiografischem Reisebericht *Indienfahrt*. In diesem international sehr erfolgreichen Buch kommt die Skepsis des Autors gegenüber der modernen Zivilisation zum Ausdruck, »die den Menschen zu sehr von der – vom Autor vergöttlichten Natur – entfremde«[126]. Über den ersten Band *Menschenwege* seiner Trilogie *Notizen eines Vagabunden*, erschienen 1917, hat Bonsels ebenfalls mit Schede von Grafrath aus korrespondiert.[127] Auch diese Erzählungen verhandeln in literarischer Form die »Antithese von Natur und Zivilisation, Innen und Außen, Vagabund und Bürger«.[128]

E.v.S.

Else Wibel

*Ludwigsburg 6. Juli 1882
† 2. September 1962
Fürstenfeldbruck

Als Tochter eines hohen Offiziers wuchs Else Wibel mit ihren Geschwistern in der »soldatisch straffen, heiteren und harmonischen Welt des elterlichen Hauses« auf. Hierin sah Else Wibel »die Wurzel ihres glückhaften Lebens«[129]. Einen großen Einfluss auf ihr späteres literarisches Wirken hatten aber auch die Aufenthalte in Stuttgart, wo Else das »Konservatorium für Musik« besuchte. Sie lebte in dieser Zeit im Hause des Großvaters Dr. Otto Claudius von Sarwey, des damaligen Kultusministers von Württemberg. Dort trafen sich die bedeutendsten Maler, Bildhauer, Schriftsteller und Musiker der Zeit. Dieses hochkultivierte geistige Leben und die häufigen Besuche der Konzertsäle, des Theaters und der Hochschule weckten in ihr den Wunsch, selbst Schriftstellerin zu werden. »Doch erst während der Garnisonsjahre mit den El-

Ausgewählte Werke:
Da kam das Leben, o.J.
Die Nordbergmädel, o.J.
Ise Wernows Weg, 1917
Hauptmann Brenken, 1919
Wer bist Du, Marie-Theres?, 1933
Feuer auf den Höhen, 1933
Hans Rassmuts Heimkehr, o.J.
Das glückselige Jahr, 1934
Sybille Amfeldern, o.J.

tern, in Stettin und später in Ulm, entstanden mehrere kleine Skizzen und Novellen, die alle freundliche Aufnahme in damals viel gelesenen Zeitungen und Zeitschriften fanden.«[130] Auch die Reisen nach Skandinavien, Italien und in die Schweiz fanden literarischen Niederschlag in kleinen Feuilletons und Reiseskizzen.

Auch nach ihrer Heirat mit dem bayerischen Offizier Moriz Wibel im Jahr 1907, der ihre künstlerischen Ambitionen unterstützte, war sie als Schriftstellerin tätig. So entstand ihr erstes großes Buch *Da kam das Leben*, ein Offiziersroman, der in der Garnisonsstadt spielt, in der die Autorin aufwachsen war. Als ihr Mann ab 1914 am Ersten Weltkrieg teilnahm – ihre gemeinsame Tochter Doris war damals sechs Jahre alt – übernahm sie verschiedene Tätigkeiten beim »Roten Kreuz«. Ihre Erlebnisse während des Ersten Weltkriegs verarbeitete Else Wibel in drei Romanen: *Die Nordbergmädel*, *Das Ferienschloß* und *Tanz ins Glück*.

Auch die Eindrücke aus der Fahrt zu ihrem – nach Ansicht der Ärzte – sterbenden Mann beschrieb sie in einem Roman: *Ise Wernows Weg*. Die Zeit, die sie in Kriegs- und Nachkriegszeit mit vielen Verwundeten in einer Verbands- und Verpflegsstelle verbrachte, spiegelt sich in den Romanen *Hauptmann Brenken*, *Erlöserin*, *Wer bist Du, Marie-Theres?* sowie *Feuer auf den Höhen* wider. Den »Kampf um die verlorene Ehre des Vaterlandes«[131], dem sich der Ehemann der Autorin, aus der Gefangenschaft zurückgekehrt und kaum genesen, stellte, schildert Else Wibel im Roman *Hans Rassmuts Heimkehr* und in späteren Werken wie *Das glückselige Jahr* oder *Sybille Amfeldern*.

Nach Fürstenfeldbruck kam Else Wibel mit ihrem Mann im Jahr 1920. In dem kleinen Haus mit Garten in der Stadelbergerstr. 4 erlebte die Familie schließlich auch den Ausbruch des Zweiten Weltkriegs. Unter dem Eindruck der politischen Entwicklung entstand der Roman *Bildnis in Polen*. Dem Werk lag vorwiegend das

Tagebuch des Urgroßvaters von 1813 zugrunde, der den Winterfeldzug Napoleons gegen Russland mitgemacht hatte. Else Wibel verarbeitete darin aber auch aktuelle Erfahrungsberichte ihres Schwiegersohnes, der als Offizier in Polen am Kriegsgeschehen teilnahm. Das Buch sollte in dem bekannten Leipziger Verlag Bohn & Sohn veröffentlicht werden. In einer Bombennacht wurde aber das Verlagshaus völlig zerstört, und damit war auch das einzige Manuskript des Romans verloren. Dieses Erlebnis bedeutete für die Schriftstellerin nicht nur einen wirtschaftlichen Verlust; viel schmerzlicher war der Verlust eines Werkes, das ihr besonders ans Herz gewachsen war, da es persönliche Erfahrungen mehrerer Generationen ihrer Familie beschrieb. Seit dieser Zeit übergab sie nur noch kleine Arbeiten der Öffentlichkeit.
Die Familie Wibel freundete sich mit verschiedenen Fürstenfeldbrucker Persönlichkeiten an. Zu ihren näheren Bekannten zählte als Nachbar ihres späteren Wohnhauses in der Emmeringer Str. 9 der Maler Otto Kubel, der seine Nachbarin auch porträtierte, und der ehemalige Amtsrichter und Schriftsteller Erwin Schmidhuber alias Michael Kohlhaas. Freundschaftlich war Else Wibel auch dem Schriftsteller Dr. Erich Blaich alias Dr. Owlglass verbunden sowie in ganz besonderem Maße der Familie von Reininghaus. Dieser lebhaften Familie mit den drei jungen Töchtern setzte sie ein humorvolles literarisches Denkmal in dem Mädchenroman *Die Nordbergmädel*. Der verschlüsselte Schauplatz des Romans, der Gutshof der Familie von Reininghaus in Mauern bei Fürstenfeldbruck, wurde zusammen mit den Töchtern des Hauses sogar auf dem Titelbild des Mädchenromans abgebildet.[132]
Zum literarischen Werk von Else Wibel gehören Romane, Novellen und Skizzen, die in bekannten Zeitschriften und Tageszeitungen sowie in Buchform erschienen. Obwohl sie sich in der Mehrzahl ihrer Romane Frauengestalten und Familiengeschichten widmete, die durch dramatische äußerliche Ereignisse wie dem napoleonischen Krieg oder dem Ersten Weltkrieg einen ernsten Hintergrund erhielten, war das Privatleben der Familie Wibel keineswegs schwermütig, sondern voll positiver Lebenskraft und Heiterkeit.

Reinhold Eichacker

Pseudonyme: Cicero; Salve!; Sherry; Ei cha!; Onkel Reinhold; Orli; Arnold; Roman

*Siegburg 21. Mai 1886
†10. Juli 1931 in Gröbenzell

Der Sohn eines Landgerichtsrats schlug zunächst eine militärische Laufbahn ein, wurde 1906 Leutnant in Glogau und studierte dann Rechtswissenschaften. Während des Studiums begann er als Schriftsteller zu arbeiten. Sein erstes Werk veröffentlichte Eichacker 1908: den Gedichtband *Allerlei Klänge*. 1911 schloss er nicht nur sein Studium mit Promotion ab, sondern tat sich auch als Bühnenautor hervor. Sein Drama *Vergib uns unsere Schuld!* und das Schauspiel *Odysseus* wurden 1911 im »Neuen Theater« in Mainz und auf mehreren anderen Bühnen erfolgreich gespielt.

Ausgewählte Werke:

Allerlei Klänge Gedichte, 1908
Prinz Nachtwächter Komische Oper, 1911
Vergib uns unsere Schuld! Drama, 1911
Odysseus Schauspiel, 1911
Der Duellgegner. Eine unfreiwillige Komödie, 1914
Nächte der Venus Erotischer Zyklus, 1918
Die drei Leben des Gaston Meder Roman in drei Büchern, 1919
Flammende Venus Erotische Novellen, 1919
Die Lehre vom Glück Roman, 1926
Menschen in Not! Zeit-Roman, 1929
Jeder ist verdächtig Roman, 1931

Die Kritik bescheinigte ihm »gute Beobachtungsgabe und packende Dialoge«. In den folgenden Jahren erschienen zahlreiche Gedichtbände und Romane. Immer wieder taucht die Romanfigur Gaston Meder in seinen Werken auf, die offenbar autobiografische Züge trägt. Nach dem Ersten Weltkrieg schuf Eichacker auch einige erotische Novellen wie den Zyklus *Nächte der Venus* (1918) und *Die flammende Venus* (1919). Außerdem soll er in den 20er Jahren zahlreiche Filmdrehbücher verfasst haben.[133]

Eichacker war nicht nur als Schriftsteller, sondern auch als Verleger tätig.

Als Herausgeber zeichnete er für das Werk *Haß!* (1921) verantwortlich, das 1923 noch einmal unter dem Titel *Deutschland muß leben. Antwort deutscher Dichter auf Versailles* erschien.

Er lebte abwechselnd in Köln und Gröbenzell.

A.M.

Arnold Zweig

*Glogau 10. November 1887
†26. November 1968 Ost-Berlin

Arnold Zweig schildert in seinem 1938 erschienenen Roman *Versunkene Tage*[134] die »Sommerfrische« seines Protagonisten Carl Steinitz in Grafrath-Wildenroth. Dieser Beschreibung liegt ein Aufenthalt des Dichters im Sommer 1908 zugrunde, der dort als junger Autor »beseligende Tage« verbracht hatte. In dem Roman, der autobiografische Anklänge hat, skizziert Zweig nicht nur das Landleben abseits des üblichen Tourismus sowie das tägliche »Morgenschwimmen im kalten Flussbad«, sondern er beschreibt auch seine zufällige Begegnung mit dem Schriftsteller Heinrich Mann im Biergarten eines Gasthofs in Wildenroth. Der Doktorand Steinitz erkennt den damals 37-jährigen

Ausgewählte Werke:
Aufzeichnungen über eine Familie Klopfer, 1911
Novellen um Claudia, 1912
Regenbogen, 1925
Der Streit um den Sergeanten Grischa Kriegsroman, 1927
Junge Frau von 1914, 1931
Erziehung von Verdun, 1935
Versunkene Tage, 1938
Die Feuerpause, 1954
Die Zeit ist reif, 1957

Schriftsteller mit »Schnurr- und Knebelbart sowie einem Strohhut mit schwarzem Band« nicht, unterhält sich aber längere Zeit mit ihm und nimmt ihm schließlich die belehrende Art übel, mit der Heinrich Mann auf seine jugendlich-flapsigen

Ansichten reagiert. Immerhin – als er später erkannte, wem er da begegnet war, folgt er zumindest einem Ratschlag des Älteren und schaut sich in der weiten Welt um. Der Roman, dessen Handlung von den politischen Ereignissen überschattet ist, endet mit dem Ausbruch des Ersten Weltkriegs.[135]

Arnold Zweig[136] meldete sich – wie so viele andere Literaten dieser Zeit – freiwillig als Kriegsteilnehmer im Ersten Weltkrieg. Unter dem Eindruck der Kriegsereignisse wandelte er sich aber schließlich zum entschiedenen Pazifisten. Nach dem Krieg ließ er sich als freier Schriftsteller am Starnberger See nieder. Hier schrieb Arnold Zweig zeitkritische und humanistisch gefärbte Werke, in die er häufig tiefenpsychologische Analysen einflocht. Besonders intensiv befasste er sich mit Fragen zu Judentum und Zionismus. Zu seinem Werk gehören zahlreiche Romane, Erzählungen, Dramen und Essays.

1923 sah er sich gezwungen, Starnberg nach dem Hitler-Putsch in München zu verlassen, und übersiedelte nach Berlin. Nach seiner Flucht über Prag, Wien, die Schweiz und Südfrankreich erreichte er 1933 Haifa in Palästina, wo er bis 1948 blieb. Hier gab er ab 1942 die Wochenzeitschrift »Orient« heraus. Anschließend siedelte er nach Ost-Berlin um, da er sich als deutschsprachiger Autor in Palästina nicht heimisch fühlte. Zudem stand er der Politik der »leitenden Schichten« in Israel skeptisch gegenüber, da er davon überzeugt war, dass »Palästina nur als bi-nationaler Staat lebensfähig sein werde«, und man »allen wesentlichen Gruppen kulturelle Autonomie garantieren …« müsse[137].

1957 wurde Zweig zum Präsidenten des Deutschen P.E.N.-Zentrums Ost und West ernannt.

Während er in der DDR und in der Sowjetunion zahlreiche Ehrungen und Auszeichnungen erhielt, fand er in der Bundesrepublik wegen seiner Bejahung des Marxismus zunächst allenfalls missbilligende Beachtung.

A.M.

Leo Brod

*Prag 1905 – †1989 Bad Ischl

Ausgewählte Werke:
Geschichten aus dem Böhmerland, 1969
Heine und Prag, 1970

Im Vorwort zu dem von ihm herausgegebenen Buch *Weltfreunde – Konferenz über die Prager deutsche Literatur*[138] vertritt Eduard Goldstücker die seinerzeit allgemein anerkannte Formel, nach der in der Zeit von Franz Kafka und im Jahrzehnt danach die Prager deutschen Autoren in einem dreifachen Ghetto lebten: dem deutschen Ghetto in einer tschechischen Umgebung, dem sozialen Ghetto des mittleren und höheren Bürgertums und dem jüdischen Ghetto. Die meisten Schriftsteller selbst lehnten diese Theorie rundweg ab. Der Prager Kreis sei nicht unnatürlich isoliert, von einer dreifachen Ghettomauer gegen die Welt abgeschirmt, wetterte beispielsweise Leo Brods Namensvetter Max Brod in seinem Buch *Der Prager Kreis*[139]. Franz Werfel dagegen fühlte sich sehr wohl in Prag in ein lähmendes Ghetto versetzt. In Prag hätten sogar die menschlichen Beziehungen gefehlt, die in den alten jüdischen Ghettos immerhin noch bestanden, schrieb er. Zwischen diesen beiden Polen, Isolierung und Weltläufigkeit bewegte sich Leo Brod, der sehr wohl unter der gesellschaftlichen Wirklichkeit Prags[140] litt.

Leo Brod besuchte die gleiche deutsche Volksschule der Piaristen, die auch sein Freund Egon Erwin Kisch,

Max Brod, mit dem er nicht verwandt war, Werfel oder Rainer Maria Rilke besuchten. Am deutschsprachigen Stefansgymnasium machte er sein Abitur und begann ein Jura-Studium, das er mit Promotion abschloss. Parallel zu seinem Studium arbeitete er bei der Versicherung Riunione Adratica di Sicurtà. In den Zeitschriften »Bohemia« und »Prager Montagsblatt« veröffentlichte er seine Erzählungen, Humoresken und Grotesken. Stilistisch und inhaltlich sind sie das Bindeglied zwischen den Dorf- und Schlossgeschichten der deutschsprachigen Provinz- oder Heimatliteratur in den ehemaligen Habsburger Landen und der »jüdischen Literatur deutscher Sprache«, zu deren Repräsentanten Kafka und Werfel für den Prager, Paul Celan für den Cernowitzer, Bruno Schulz aus dem polnischen Drohobycz für den Krakau-Warschauer Kreis gehörten. Auch in Kafkas Erzählung *Das Schloß* wird diese besondere Beziehung zur deutschsprachigen Heimatliteratur in Tschechien und deren Gegenpol deutlich.

Am 15. März 1939 floh Leo Brod vor den Nationalsozialisten aus Prag und fand in England Exil. 1946 kehrte er nach Prag zurück und arbeitete zunächst in der Restitutionsabteilung des Innenministeriums, die die Aufgabe hatte, konfisziertes Vermögen der jüdischen Gemeinden in der Tschechoslowakei den rechtmäßigen Eigentümern zurückzugeben. Nachdem er sich weigerte, der Kommunistischen Partei beizutreten, waren seine Aufstiegschancen gering. Ab 1959 hatte er eine Stelle als Fremdenführer beim staatlichen jüdischen Museum. Diese Tätigkeit übte er bis 1965 aus. 1969 erhielten er und seine Familie – Brod hatte nach seiner Rückkehr nach Prag Liese Hermann aus Rothau geheiratet, und 1951 wurde der gemeinsame Sohn Peter geboren – die Ausreisegenehmigung. Die Familie Brod ließ sich in Fürstenfeldbruck nieder. Hier publizierte er seine Erzählungen unter anderem in österreichischen Zeitungen, aber auch in München in der Sudetendeutschen Zeitung. Außerdem schrieb er Buch-Rezensionen und im Heine-Jahrbuch 1970 die Aufsehen erregende Arbeit *Heine und Prag*.

Ein Jahr zuvor hatte er im Eigenverlag einen Sammelband unter dem Titel *Geschichten aus dem Böhmerland* mit einigen seiner Erzählungen und Grotesken herausgebracht, weil, wie Leo Brod in der *Widmung für alle Freunde* schreibt: »Zeitungsgeschichten vergilben zur Makulatur,/ gehören doch gar nicht zur Literatur./ Bekannte haben sie niemals gelesen,/ Verwandte wissen gar nicht, daß ich der Autor gewesen./ Schreibt jemand Romane und Biographien,/ bewerben sich Lektoren in Frankfurt, in Wien./ Schreibst du jedoch nur Kurzgeschichten,/ wissen das nicht mal Neffen und Nichten./ Lieg ich nach Jahren mal unter dem Leichentuch,/ bleibt für gute Freunde nur dieses Buch./ Artikel und Tonband werden vernichtet,/ Briefe und Fotos werden gesichtet./ Nur dieses Buch bleibt als Vermächtnis,/ hilft treuen Freunden zum ew'gen Gedächtnis.«

Wie sein Freund Egon Erwin Kisch, der 1947 erklärte, »Alt-Pragerisches kann man jetzt nur mit Leo Brod bereden ...«, mischte er in seinen historischen Geschichten geschickt Historisches mit Erfundenem, beispielsweise in der köstlichen Geschichte *Großvater Brod und Richard Wagner*, in der er eine wohl fiktive Begegnung seines Großvater Isak mit dem Komponisten Wagner, der sich 1832 einige Monate auf Einladung des Grafen Pachta in Tábor aufhielt, zum Anlass nimmt, mit Herzenswärme die Geschichte seines Großvater zu erzählen.

Leo Brods Neffe, der in London und Prag lebende Literaturhistoriker Peter Demetz[141], würdigt Leo Brod in der von der Most-Brücke-Stiftung initiierten Wanderausstellung »Wo ist meine Heimat?«, in der versucht wird anhand von Einzelschicksalen die kulturellen, gesellschaftlichen und sozialen Verbindungen zwischen Deutschen, Tschechen und Juden in Prag vom ausgehenden 19. Jahrhundert bis zum Ende des Zweiten Weltkrieges darzustellen. Er nennt Brod »einen Deutschen aus Prag mit jüdischem Erbgut und liebevollem Verständnis für tschechische Kunst und Kultur«[142]. Das Beispiel Leo Brods zeigt in außerordentlicher Klarheit, dass das Zusammenleben und die Kooperation der einzelnen Volksgruppen möglich wären. Brod hat es vorgelebt. Er ist 1989 in Bad Ischl verstorben und liegt im Brucker Waldfriedhof begraben.

W.K.

Fürstenfeldbruck als Schauplatz bei
Hans Brandenburg

*Barmen 18. Oktober 1885
† 8. Mai 1968 Bingen

Ausgewählte Werke:
Zimmer der Jugend, 1920
Pankraz der Hirtenbub. Ein Idyll für Jung und Alt, Erzählung, 1924

Die Erzählungen und Romane Brandenburgs zeichnen sich durch Handlungen in subjektiv-reflektierender Erzählweise aus, die er aber meist recht unvermittelt mit naiv fabulierten Passagen kombiniert. Hans Brandenburg zählt zu den bekannteren Münchner Autoren seiner Zeit. Er erhielt 1930 den Münchner und 1967 den Schwabinger Kunstpreis. In seinen jungen Jahren war er mit Waldemar Bonsels eng befreundet, der seine Schwester Kläre in erster Ehe heiratete. Als die Verbindung in die Brüche ging, begegnete Brandenburg seinem ehemaligen Freund mit unversöhnlicher Feindschaft.

Als Idyllendichtung ist auch sein 1920 erschienener Roman *Zimmer der Jugend* zu bezeichnen, der auf einigen Seiten einen Ausflug der Protagonisten per Eisenbahn von München nach Fürstenfeldbruck schildert, dem sich ein Spaziergang nach Puch zur Wallfahrtsstätte der »hl. Benigna« anschließt. Brandenburg geht dabei recht unbeschwert mit historischen Personen und Tatsachen sowie mit geografischen Gegebenheiten um. So wird aus der Seligen Edigna die hl. Benigna, und er lässt auch Kaiser Ludwig den Bayern in Puch während einer Schlacht sterben, die nie stattfand. In dem Schriftsteller-Freund Sebastian, dessen Grab die drei Gefährten in Puch besuchen, ist eine Anspielung auf Julius Langbehn versteckt, die wiederum mit der realen Person nichts zu tun hat. Der Ausflug nach Puch endet in Brandenburgs Werk mit einem schrecklichen Gewitter, das die Freunde auf dem Rückweg zur Bahnstation überrascht und das gleichzeitig die aufgeladene Stimmung zwischen den Hauptfiguren des Romans charakterisiert.

A.M.

Fürstenfeldbruck als Schauplatz bei
Berthold Viertel
alias Parolles

*Wien 28. Juni 1885
†24. September 1953 Wien

Ausgewählte Werke:
Die Spur, 1913
Die Bahn. Gedichte, 1921
Die schöne Seele, Komödie, 1925
Das Gnadenbrot, Roman, 1927
Fürchte dich nicht! Neue Gedichte, 1941
Der Lebenslauf. Gedichte, 1946

Fürstenfeldbruck war einst ein gesuchter Fremdenverkehrsort. Die meisten Sommerfrischler, die im Hotel Post, in den Gasthäusern, aber auch in Privatwohnungen logierten, stammten aus der gehobenen Bürgerschicht. Einige der Gäste erwarben schließlich in Fürstenfeldbruck eigene Anwesen – so die Münchner Familie Bezzenberger. Auch für junge Studenten war Bruck von Interesse. Einer von ihnen, der ab 1904 bis etwa 1910 regelmäßig nach Bruck kam, war Berthold Viertel, Sohn einer aus Galizien stammenden jüdischen Kaufmannsfamilie in Wien. Der Vater besaß in Wien eine Möbelhandlung, die Mutter betrieb ein Schirmgeschäft. Berthold Viertel studierte von 1904 bis 1910 an der Universität Wien, die Semesterferien nutzte er, der in Wien unter anderem mit Peter Altenberg und mit Karl Kraus befreundet war, vor allem dazu, die Münchner Literatenszene kennen zu lernen. Während seiner Aufenthalte in Bruck diskutierte er mit Otto Falckenberg und beobachtete die Brucker Verhältnisse. Ein Erlebnis mit Angehörigen der Unteroffizierschule in Fürstenfeld, das er im Gasthaus »Zum Bad« hatte, verarbeitete er in einem seiner Drehbücher, die er ab 1927 meist für Friedrich Wilhelm Murnau in Hollywood schrieb. Folgendes war passiert: Offiziere wollten im Gasthaus »Zum Bad« mit zwei Damen ins Gespräch kommen, die am Nebentisch saßen. Sie blitzten ab. Die beiden Frauen unterhielten sich daraufhin nur noch auf Französisch. Dies verärgerte ihre Nachbarn, die dafür sorgten, dass die beiden Frauen aus dem Lokal gewiesen wurden, »weil sie unpatriotisch« seien. Dieses Erlebnis griff Viertel 1942 wieder auf und verarbeitete es unter dem Pseudonym Parolles zu einer in der New Yorker Exilzeitschrift »Der Aufbau« erschienenen Erzählung.

Ab 1912 arbeitete Viertel als Dramaturg und Regisseur an der Wiener Volksbühne, später als Oberregisseur am Dresdner Schauspielhaus, wo er alle wichtigen expressionistischen Dramen inszenierte. Max Reinhardt holte ihn 1922 an das Deutsche Theater in Berlin. Dort inszenierte Viertel auch für das Staatstheater. 1923 gründete er das Schauspielerensemble »Die Truppe«, das von Karl Kraus finanziell unterstützt wurde. Schließlich setzte er sich mit dem Medium Film auseinander und ging 1927 als Drehbuchautor nach Hollywood. 1932 kehrte er nach Europa zurück. Nach dem Reichstagsbrand emigrierte er und ging nach London, wo er mit Christopher Isherwood drei Filme realisieren konnte. Von 1939 bis 1947 lebte er in Hollywood und New York und kam über Zürich 1949 nach Wien zurück, wo er bis zu seinem Tod hauptsächlich am Burgtheater inszenierte. Viertel, der seit seinem 15. Lebensjahr Gedichte und autobiografische Reflexionen schrieb, betrachtete das Schreiben als einen »Scherbenberg menschlicher Haltungen und Verhaltungen«. Berthold Viertel gehöre zu den wenigen Schriftstellern und Regisseuren, die die Entwicklung von einem Wiener Feuilletonisten über einen distanzierten Literaten und Spielleiter zu einem realistischen Erkenner und Künstler durchgemacht haben, urteilte Herbert Ihering in seinem Geleitwort zum Sammelband *Schriften zum Theater*, den Gert Heidenreich unter Mitarbeit von Manfred Nöbel 1970 herausgab.

W.K.

Zuflucht oder Wahlheimat

Tod und Teufel

In unserm Klatschdorf – Dickedumm
da geh'n jetzt Tod und Teufel um –
und diese beiden sind nicht faul
mit ihrem L ä s t e r - L ü g e n m a u l.

Der TOD, der treibt ein böses Spiel
Und krähet als ein Doktor – viel,
ja wie ein Hahn auf seinem Mist,
dass es zum »Stein-erweichen« ist.

Der TEUFEL treibt hier seinen Spott
Und macht aus Goethe einen Gott –
Dass dieser – der schon lange stumm
Sich dreht in seinem Grabe um.

Paul Heinzelmann (1888–1961), *Tod und Teufel*, 1949

Paul Heinzelmann
alias Heinz Elm,
Heinz Elm-Mann,
Heinz Elmann

* Berlin-Lichtenberg
28. April 1888
† 2. Mai 1961 München

Ausgewählte Werke:
Das Totenlied, 1922
Der Sternengott, 1923
selBstbefleckung. onani statt biografi., 1929
Der Strom der Zeit. Kritische Gedanken, 1932
Die Gräberinsel. Verse und Sprüche, 1932
Das Schwungrad. Gedichte und Lieder, Fürstenfeldbruck 1945
Tod und Teufel. 3 Beiträge zum Goethe-Jahr, Fürstenfeldbruck, 1949
Das Leichenfeld. Kriegsverse 1915–1918, Fürstenfeldbruck 1957

Biografien:
Peter Heinzelmann (Hg.), *Weil wir selber die Unruhe sind. Paul Heinzelmann – Ein Leben für den Frieden. Eine Dokumentation zum 100. Geburtstag.* 1988

Bernhard Heinzelmann, *»Sei Mensch!« Versuch über die jugendbewegten Berliner Jahre des Druckers und Kleinverlegers Heinz Elm*, in: Zeitschrift für Museum und Bildung 59/2003, Münster 2003 (Ein zweiter Teil über die Steinklopfer-Jahre in Fürstenfeldbruck ist in Vorbereitung.)

Paul Heinzelmanns Werdegang ist der eines wissbegierigen, sich zeitlebens immer weiterbildenden Autodidakten. Obwohl er zahlreiche Aphorismen, Gedichte und Zeitgedanken verfasste, liegen seine Verdienste schwerpunktmäßig auf seiner Verlagstätigkeit. Auch in Fürstenfeldbruck, wo er ab 1945 wirkte, ebnete er so manchem Jungliteraten den Weg in die Öffentlichkeit. Über 40 Titel wurden in der »Steinklopfer-Reihe« publiziert[143]. Zwar spielte der Ein-Mann-Betrieb in der Literaturszene der 50er Jahre nur eine marginale Rolle, der Nonkonformismus seines Gründers hat aber zweifellos dazu beigetragen, jungen Menschen durch den unbedingten Glauben an die Macht des gedruckten Wortes eine nicht zu unterschätzende Perspektive im Ringen um eine friedliche und gerechte Welt zu geben.

»Im dreibrezeljar [1888] wurde ich am 28. April als son des königlich-preussischen eisenbanarbeiters Paul Heinzelmann im osten berlins ser hoch und wol geboren – nämlich im 5. stock – stock-duster und stock-dumm wars. [...] Noch im selben jar lis ich mich von zwo kaisern und einer grosmutter regiren. Di grosmutter er-zog mich. Si zog mir mit irer harnadel di popel aus der nase. Später zog si mit mir zum lausepark ins grüne. Beim ersten gehversuch, flog ich in den dreck. Dabei lernte ich die strasse kennen. In der schule lernte ich – nichts. Hinterher – mer.«[144]

Schon früh gilt der junge Mann als sehr belesen. Die Lektüre sozialistischer Klassiker ist es u.a. wohl, die ihn dazu bringt, ein ausgeprägtes soziales und politisches Bewusstsein zu entwickeln, das ihn im Laufe der Jahre zum eigenwilligen Querdenker reifen lässt. Mit 16 Jahren gründet der Malerlehrling bei Siemens einen Betriebs-Jugendverein. 1908 wird er Mitglied der SPD, tritt aber bereits 1914 aufgrund der Zustimmung der Partei zu den Kriegskrediten wieder aus. Freiwillig meldet er sich als Sanitäter zum Roten Kreuz. Unter dem Eindruck der Fronterlebnisse beginnt er zu schreiben. Es entstehen Antikriegsgedichte von bedrückender Eindringlichkeit und Friedenssehnsucht. In den Schützengräben werden die *Verse eines Gemeinen* von Hand zu Hand gereicht. Als er es wagt, auch noch Flugblätter gegen den Krieg zu verteilen, muss er sich wegen Wehrkraftzersetzung vor dem Kriegsgericht verantworten. Obwohl sich der Angeklagte bis dahin nichts hatte zu Schulden kommen lassen, wirkt sich strafverschärfend aus, dass seine Vorgesetzten ihn als einen »weit über seine Kreise gebildeten Menschen«[145] einstufen. Festungshaft ist die Folge. Revolutionstruppen befreien den »Kriegsverräter« im November 1918. Der Heimkehrer schließt sich dem Spartakusbund um Rosa Luxemburg und Karl Liebknecht an und engagiert sich in der Freien Sozialistischen Jugend Berlins. Wie schon zuvor hat er sich das Wort »Bildung« mit fetten Lettern auf die Fahne geschrieben. *Rote Blätter für Jugend, Politik und Literatur* nennt er seine ersten, stark vom Zeitgeist geprägten Broschüren, denen er die Schriftenreihe *Sozialistische Jugendbibliothek* folgen lässt. Sein in unmittelbarer Nähe des Schlossplatzes eröffnetes Jugendgenossenhaus (Buchhandlung, Verlag und Veranstaltungsforum) ist nur von kurzer Dauer: Der Kapp-Putsch bereitet den Aktivitäten ein jähes Ende. Paul Heinzelmann taucht unter und hält sich nun einige Zeit in Freiburg im Breisgau auf. An der dortigen Universität besucht er Vorlesungen so bekannter Professoren wie Heidegger, Sütterlin und Gurlitt. Das Studiengeld verdient er sich u.a. auf Baustellen als »Steinklopfer auf dem Weg zum Menschen«, wie er sich in dieser Phase selbst bezeichnet. Im Schwarzwald entsteht nach seinen Vorstellungen ein Erholungsheim für Arbeiterkinder, die »Kinderlandgemeinde«. Nach weiteren Stationen verschlägt es ihn in das Tiroler Paznauntal, wo er am Aufbau eines Alpenjugendheims mitwirkt. Zwischendurch ist er immer wieder in Berlin. 1922 gründet er den Werktat-Verlag. Mit der Zeitschrift *Religio* will er ein Sprachrohr bieten für die »drunten in der Tiefe wohnenden Arbeiterdichter«. Auch die Reformpädagogik mit Geschichten von Kindern der Freien Schule Spandau oder die Idee eines lebensreformerischen Siedlungsprojekts bei Birkenwerder sind hier vertreten.

So sehr ist er in seine pädagogische, literarische und politische[146] Arbeit vertieft, dass ihm das eigene Familienleben immer mehr entgleitet. Seine Tochter Erika wächst bei den Großeltern auf. Die 1913 geschlossene Ehe mit Frau Gertrud, Tochter des Sozialdemokraten Wilhelm Nitschke, wird geschieden. Mit dem Erwerb eines Boston-Tiegels samt Bleisatz erfüllt sich Paul Heinzelmann einen lange gehegten Wunsch. Wie besessen setzt er, nach getaner Arbeit als Stuben- und Dekorationsmaler, Buchstabe für Buchstabe, Zeile für Zeile, Seite für Seite, bis spät in die Nacht hinein. Meist sind es nur ein paar Dutzend Exemplare von jeder Schrift, die er auf Demonstrationen und Versammlungen zu winzigem

Preis unter die Leute bringt. Gewinn wirft seine idealistische Arbeit nie ab, viele der hoffnungsvoll begonnenen jugendbewegten Projekte verlaufen im Sande.

1929 betreibt Paul Heinzelmann in Steglitz eine kunstgewerbliche Werkstatt für Plakate, Schilder, Kataloge, aber auch für Raumkunst. In dieser Zeit lernt er im Hause eines Freundes seine zukünftige zweite Frau Julie kennen, die älteste Tochter des in Fürstenfeldbruck ansässigen Kunstmalers Henrik Moor. 1930 wird Sohn Peter geboren. Als Mitglied im Bund proletarisch-revolutionärer Schriftsteller Deutschlands (BPRS) versucht Heinz Elm-

Mann, wie er sich seit seinem 40. Geburtstag nennt, zusammen mit dem Anarchisten Kurt Zube und unter Schriftleitung seines Freundes Kurt Huhn eine dichtende, gesellschaftskritische Stimme junger Werktätiger zu etablieren. Die Zeitschrift mit dem Titel *Der Steinklopfer* erscheint erstmals im Juli 1932. Der Werktat-Verlag wird nun in Steinklopfer-Verlag umbenannt. Signum ist ein »mit einem gegen einen enormen Felsblock wuchtig das Fäustel schwingender Arbeiter«[147], das anschaulich den programmatischen Anspruch unterstreicht.

Nach der Machtergreifung durch die Nationalsozialisten kommt es als Folge des Reichstagsbrandes zu einer Verhaftungswelle, der auch Paul Heinzelmann zum Opfer fällt. Braunhemden zerstören den Schriftsatz der zweiten Ausgabe des *Steinklopfer*, beschlagnahmen Manuskripte und Postsachen sowie alle Verlagserscheinungen. Auch die Familie steht für die Dauer des mehrtägigen Verhörs unter polizeilichem Arrest. Der Verlag wird stillgelegt. Wieder zu Hause, widmet sich Paul Heinzelmann in seiner Freizeit nun verstärkt der Familienforschung. Beruflich geht er seiner eigentlichen Tätigkeit auf Neubauten in Berlin und Umgebung nach. Mit einem Artikel in der Fachzeitschrift *Bauwelt*, in dem er *Mißstände im Malerhandwerk* aufzeigt, erwirbt er sich 1937 einen landesweiten Ruf. Fortan arbeitet er in verschiedenen privaten und staatlichen Bauleitungen als Anstrichtechniker, ab Mai 1939 vorübergehend in Breslau und schließlich in Prossnitz (Mähren). Immer wieder bedrängt man ihn in dieser Zeit, Mitglied der NSDAP zu werden, was er standfest ablehnt. Daraufhin wird die Herausgabe einer in mehrmonatiger Recherche erstellten, mit kritischen Kommentaren versehenen Fachbibliographie über das *Schrifttum des Malerhandwerks* vom Propagandaministerium verboten. Wegen »Unfähigkeit« wird ihr Verfasser nach vier Jahren fristlos entlassen. Mit seiner Frau übersiedelt er nach Fürstenfeldbruck.

Paul Heinzelmann findet eine Anstellung als Expeditionsleiter bei Haury & Co., einer Fabrik der Kosmetikbranche, die auch Desinfektionsmittel herstellt. Die ersten Nachkriegsjahre sind geprägt von der Suche nach alten Kampfgefährten, dem Knüpfen neuer Kontakte. In der Villa Petersen an der Emmeringer Hauptstraße richtet Paul Heinzelmann seine kleine Druckerei ein. Die Steinklopferei brennt ihm unter den Nägeln.

Im Gedankenaustausch, insbesondere mit seinem Wiener Schriftstellerfreund Rudolf Geist, lotet er seit Beginn der 50er Jahre die wenigen Möglichkeiten zur Wiedereröffnung des Verlags aus. Laut Gewerbe-Kartei der Gemeinde Emmering meldet Paul Heinzelmann sein Unternehmen am 12. Mai 1953 offiziell an. Bereits am 8. Juni 1953 findet der erste Steinklopfer-Rezitationsabend statt. 26 Gäste folgen der Einladung in die Villa Petersen. Julie Heinzelmann glänzt als Sopranistin, u.a. mit Werken ihres Onkels Emanuel Moor. Es ist ein durchweg gelungener Auftakt für eine Veranstaltungsreihe, die die triste Brucker Kulturlandschaft beleben soll. Allerdings ist das Echo auf die Publikation des auf der musealen Presse gedruckten, neu konzipierten *Steinklopfer* bescheiden. Es findet sich kaum eine Hand voll Abonnenten für die deutsch-österreichische »Zeit- und Streitschrift der Außenseiter«. Finanziell gesehen ist das Blatt nicht tragbar, nicht einmal die Portokosten werden erwirtschaftet. Paul Heinzelmann ist seit einiger Zeit Rentner, bezieht monatlich 100 DM Fürsorge und verdient durch Heimarbeit ein kleines Zubrot. Würde seine Frau nicht als Büroangestellte arbeiten und damit sein Hobby zu einem großen Teil mitfinanzieren, wäre der Kleinverlag schon zu diesem Zeitpunkt am Ende. Doch es stehen noch bewegte Jahre bevor. Zunächst erscheinen u.a. ein Beethoven-Essay und Jakob Haringers *Orgelspieler*-Gedichte, darüber hinaus eine Gedenkschrift für den 1948 verstorbenen Freund. Mit einer Neuauflage seiner *Gräberinsel* (1932) eröffnet Paul Heinzelmann 1955 die neue Steinklopfer-Reihe im bekannten Format.

»Hoffnungsvolle Talente geben hier ihr Debut. Das Experiment findet ebenso eine Pflegestätte wie

die politisch engagierte Dichtung. Auf den Titelblättern der schmalen Broschur-Bände stehen die Namen von Außenseitern, Vergessenen und unbequemen Schriftstellern. Das Motto, das Wolfgang Borchert seinem Schauspiel *Draußen vor der Tür* voranstellte, gilt in übertragenem Sinne für die Steinklopfer-Bücher: ›Ein Stück, das kein Theater spielen und kein Publikum sehen will‹.«[148] Zu viele Vorbehalte gibt es offenbar gegenüber dem Programm mit dem zeitkritischen Akzent des ehemals »kommunistischen« Verlegers, der – was ihn doppelt suspekt macht – trotz zweier Kriege und mehrfacher Plünderung eine der umfassendsten Sammlungen des Pazifismus besitzt. Paul Heinzelmann ist zunehmend frustriert und, bedingt durch eine angeschlagene Gesundheit, immer wieder wochenlang zum Nichtstun verurteilt. Über der Misere des Verlags vergisst er jedoch in Zeiten der Einführung der Bundeswehr und der Wiederbewaffnung nicht sein politisches Engagement in diversen Friedensorganisationen. So ist er am 1. April 1957 dabei, als die Ortsgruppe Fürstenfeldbruck der Internationale der Kriegsdienstgegner (IdK) gegründet wird. Erstmals gibt er nun sein *Leichenfeld*[149] in unveränderter Fassung und mit einem aktuellen Kommentar versehen heraus, »in der Hoffnung, dass diejenigen, die heute im gleichen Alter – und vor dem gleichen Militarismus stehen, zum Vor-denken veranlasst werden«. Ein Griff in die Mottenkiste zwar, aber: »leider noch für lange Zeit – zeitgemäß!«

Ab 1958 nimmt der inzwischen 70-jährige zusätzlich die vom Münchener Komma-Klub (»einer Mischung aus Schwabinger Bohème und revolutionärer Avantgarde«[150]) initiierte *Komma*-Reihe in das Verlagsprogramm auf. Es erscheinen Titel von Wolfdietrich Schnurre, Gert Ledig, Herbert Spiecker, Jürgen Beckelmann. Einige der jungen Autoren besuchen ihren Mentor in seinem bescheidenen Domizil in der Dachauer Straße 29, wohin er zwischenzeitlich umgezogen ist. Sie sind es dann auch, die über den Eremiten berichten, der an einem kreisrunden Schreibtisch inmitten tausender Bücher hockt: »Er hat immer zu den Stillen gehört, die jedoch nie aufhören zu tun, was recht ist und zu sagen, was wahr ist. Von manchen Broschüren verkauft Heinzelmann nur hundert, zwanzig oder zehn Stück. Aber er lässt es nicht. Er gibt die nächste heraus, wenn er kann, verschenkt das Liegengebliebene. Es gibt eben Arbeit, die sich nicht in Zahlen ausdrücken lässt.«[151]

Berge von Manuskripten liegen vor Paul Heinzelmann, aus Deutschland, Österreich und der Schweiz, allen will er eine Chance geben. Doch letztlich übernimmt er sich, die Kraft schwindet. »Kein Absatz – ich überlege, ob es nicht gescheit wäre, den ganzen Betrieb an den Nagel zu hängen! (und die Beene in die Amper)«, vertraut er einem seiner Autoren im Frühsommer 1960 an.

Anfang 1961 erkrankt Paul Heinzelmann an einem Krebsleiden. Er stirbt am 2. Mai in München. In ihren Nachrufen lassen seine treuesten Mitstreiter ein ereignisreiches Leben Revue passieren. Von einem »idealistischen Schwärmer« und »Dichter und Träumer« ist da die Rede, Eigenschaften, die er sich bis ins hohe Alter bewahrte wie einen Schatz. Den »Rebell des Geistes« forderten die Zeitumstände heraus und formten letztlich den »mutigen Alleingänger«, »Mahner« und »selbstlosen Rufer des Friedens«.

B.H.

Pius Santifaller
alias Irmengard von Hohenthall

*Lavayhof bei Kastelruth (Südtirol) 1898
†1978 Fürstenfeldbruck

Ausgewählte Werke:
Spätes Leuchten, Gedichtband, 1959
Es stand ein Kreuz in Polenland, Novelle

Mit Pius Santifaller lebte seit den frühen 70er Jahren bis zu seinem Tod im Jahr 1978 in Fürstenfeldbruck eine Schriftstellerpersönlichkeit, die unerbittlich bis zur letzten Konsequenz für die Freiheit ihrer Südtiroler Heimat kämpfte. Santifaller stammte aus einem der bedeutendsten ladinischen Geschlechter. Der Vater war Notar und Gutsbesitzer, die Mutter Christina, geborene Fulterer, eine aus einem ebenfalls uralten Südtiroler Geschlecht stammende Bauerntochter. Seine Geschwister waren der später renommierte Kirchenhistoriker Leo Santifaller[152] und die Kunsthistorikerin Maria Christina Santifaller[153]. Ein weiterer Bruder, Karl, geboren 1899, fiel als Soldat der österreichischen Armee im Ersten Weltkrieg in Polen. Pius Santifaller übernahm den seit vielen Generationen im Familienbesitz befindlichen Lavayhof und sah es als seine Lebensaufgabe, für die Freiheit und Selbstständigkeit Südtirols zu kämpfen.

Ende der 50er Jahre, Anfang der 60er Jahre verließ dieser Kampf die politische Ebene. Santifaller griff, um den Südtiroler Forderungen gegenüber Rom Nachdruck zu verleihen, wie so viele andere Südtiroler seiner Zeit zu Sprengstoff und musste letztlich einsehen, dass man mit Gewalt nur Gegengewalt erzeugt. Er entschloss sich in aussichtsloser Situation zur Flucht. Über Innsbruck kam er schließlich nach Fürstenfeldbruck.

In seinen Brucker Jahren schrieb er, stets wegen seiner Straftaten in Südtirol mit Abschiebung bedroht und nicht nur von italienischen Geheimdiensten beobachtet, unter dem Pseudonym Irmengard von Hohenthall Dramen, Lyrik, Erzählungen und Novellen. Außerdem war er Mitarbeiter an der Buchreihe *Schöpferisches Tirol*, die in Innsbruck erschien. Seine wichtigsten Veröffentlichungen sind der Gedichtband *Spätes Leuchten* im Jahr 1959 und die Novelle *Es stand ein Kreuz in Polenland*, in der er seinem gefallenen Bruder Karl ein Denkmal setzte. Während seines Aufenthalts in Fürstenfeldbruck wurde mehrmals in die im Brucker Westen gelegene Wohnung Santifallers eingebrochen[154]. Die unbekannten Täter hatten es auf die Manuskripte des streitbaren und unbeugsamen Südtirolers abgesehen, der im hohen Alter noch, mit leuchtenden Augen, vom aussichtslosen Freiheitskampf gegen die Italiener erzählte.

W.K.

Walter Kolbenhoff

*Berlin 20. Mai 1908
† 29. Januar 1993 Gemering

Dichter sind in den Romanen von Walter Kolbenhoff selten positiv geschildert. Sie scheuen sich, Stellung zu beziehen, »klar Ja oder Nein zu sagen« zu entscheidenden Fragen der Kriegs- und Nachkriegszeit. Kolbenhoff selbst wollte sich »keineswegs vor dieser Entscheidung drücken. Wenn es zum Beispiel Tendenz ist, den Menschen an sein Menschsein zu erinnern, will ich tendenziös schreiben und nicht versuchen, in die Mystik zu fliehen. Ich bin zu der Erkenntnis gekommen, dass ich als Schriftsteller die Pflicht habe, meine Stimme gegen das Böse, gegen die

Ausgewählte Werke:

Untermenschen, Roman, 1933
Von unserem Fleisch und Blut, Roman, 1947
Heimkehr in die Fremde, Roman, 1949
Die Kopfjäger, Kriminalroman, 1960
Das Wochenende, Roman, 1970
Schellingstraße 48, Autobiographischer Bericht, 1984

Sekundärliteratur:

Walter Kolbenhoff, Begleitheft zur Ausstellung Walter Kolbenhoff in der Stadtbibliothek Germering, 1994

Dummheit und gegen die Trägheit zu erheben.«

Für den Berliner Arbeitersohn Walter Hoffmann war das Böse vor allem der Faschismus, gegen den er als Mitglied der KPD Stellung bezog. Er ging in den Untergrund, lebte unter dem Decknamen Kolbenhoff zusammen mit dem Psychoanalytiker Wilhelm Reich in Kopenhagen, wo 1933 auch sein erstes Buch erschien: *Untermenschen* (in Deutschland erst 1978 veröffentlicht) schildert autobiografisch geprägt, wie sich die Freiheit eines Vagabunden (Kolbenhoff war von 1926 bis 1930 als Gelegenheitsarbeiter und Straßensänger in Europa, Nordafrika und Kleinasien unterwegs) in die Not eines Proleten verkehrt, dem das vom heraufziehenden Faschismus bedrohte Leben unerträglich scheint. Skeptischer Umgang mit dem Thema Revolution sorgte dafür, dass die Partei den Roman als »verderblich« verurteilte und den Autor aus ihren Reihen verbannte. Kolbenhoffs Fazit: »Ich kam mir vor wie ein Katholik, der aus der Kirche ausgeschlossen war.«

Nach dem deutschen Überfall auf Dänemark stellte er sich der Wehrmacht – in der wenig realistischen Absicht, die Armee von innen zu zersetzen. Er wurde 1944 in Italien gefangen genommen und lernte in Amerika im Gefangenenlager Fort Kearney Hans Werner Richter und Alfred Andersch kennen. Hier verfasste er auch seinen Roman *Von unserem Fleisch und Blut* (1947), für dessen Manuskript er 1946 mit einem Preis der US-Lagerzeitung »Der Ruf« ausgezeichnet wurde. Hauptfigur: ein als »Werwolf« in den Ruinen einer von den Amerikanern okkupierten Stadt amoklaufender Jungfaschist, der von Endsieg und Opfertod besessen ist. »Abgestandenen Spätexpressionismus« nennt Herbert Rosendorfer in einem Aufsatz über *Trümmerliteratur in Bayern* die um Allgemeinverbindlichkeit bemühten Schilderungen namenlosen Grauens: »Er starrte in die Ruinen und sah die Wüste vor sich: eine weite hügelige Steppe. Unter dem Sande lagen die Häuser und die Millionen der Toten. Am Himmel jagten zerrissene Wolken, auf einem kahlen Stein hockte ein einsamer Adler.«

Von unserem Fleisch und Blut gilt dennoch als herausragende Schilderung der Tage zwischen Besetzung und Rückzug im Deutschland des Jahres 1945. Auch *Heimkehr in die Fremde* (1949) zeichnet ein ernüchtertes Bild der Nachkriegszeit, die dem linksbürgerlichen Intellektuellen Rinka als »Totenland« erscheint, als wölfisches Jeder-gegen-jeden fern jener Ideale, die in den amerikanischen Lagern diskutiert wurden. Auch hier überwiegt das Typische der Figuren, ihrer Reflexionen und Dialoge. In der Stunde Null etabliert sich ein Leben nach überwunden geglaubten Mustern. Anstelle des faschistisch Bösen dominiert mate-

Zeitung«. Letztere wurde in der Schellingstrasse 48 produziert, wo zu NS-Zeiten der »Völkische Beobachter« seinen Sitz hatte. Aus den frühen 80er Jahren stammt Kolbenhoffs Erinnerungsbuch *Schellingstraße 48*. Es schildert die Aufbruchstimmung, in der Intellektuelle und Künstler wie seine Gruppe 47-Kollegen Andersch und Richter versuchten, nach Kriegsende ein neues, besseres Deutschland aufzubauen. Kolbenhoffs Wohnung in der Schellingstraße 48 wurde zum Refugium für Autoren wie Erich Kästner und Günter Eich oder Oskar Maria Graf.

Eine produktive Zeit für Kolbenhoff – so lange, »bis Adenauer aufrüstete. Ich litt plötzlich unter Depressionen. Ich war richtig krank. (…) Die Deutschen lernen nichts aus der Geschichte. Das war damals meine schmerzliche Einsicht. Die Literatur interessierte mich nicht mehr, von der Gruppe 47, von meinen Kollegen zog ich mich zurück.« Seit 1964 mit seiner Frau Isolde in Germering lebend veröffentlichte er 1970 noch einen altbacken wirkenden Roman-»Report« über zwei Arbeiter zwischen Kneipe und Diskothek. *Das Wochenende* zeigt, wie vertraut dem Autor die Hochhauswelt und der alte Ortskern des nicht genannten Schauplatzes Germering sind – und wie fremd die geschilderte Welt der jungen Leute. Die alten Ideale verficht hier der »rote Großvater«, ein als Sonderling verlachter Suffkopf.

rialistisch gesinnte Trägheit, gegen die Kolbenhoff den uneingelösten Anspruch der Arbeiterbewegung hochhält, wobei ihm nur allzu klar war, dass seine Ideale bei den »betäubten« Zeitgenossen auf wenig Resonanz stoßen würden.

In München arbeitete Kolbenhoff für die dort fortgeführte und 1947 von den Amerikanern verbotene Zeitschrift »Der Ruf« sowie als Redakteur der demokratischer »Re-Education« verpflichteten »Neuen

Der Identitätsverlust der Arbeiterklasse ist Kolbenhoffs großes Thema geblieben, bis in die Zeiten bitterer Resignation. Fazit: »Der Weg zum Kleinbürger ist unaufhaltsam.«

Als Walter Kolbenhoff, 1985 mit dem Tukan-Literaturpreis der Stadt München ausgezeichnet, aus Anlass seines 80. Geburtstags im Jahr 1988 vom »Börsenblatt für den Buchhandel« interviewt wurde, zog sich ein klagender Tonfall durch sämtliche Antworten: »überall Desinteresse erfahren«, »keine Lust mehr, ich habe meine Pflicht getan«, »es hat wirklich keinen Sinn«. Wichtigster Grund für seine Resignation: »Ich versuche verzweifelt, an die Vernunft der Menschheit zu glauben – aber es gelingt mir nicht.«

Die Stadt Germering hat eine Straße und ihren 1983 an den Autor verliehenen Kulturpreis nach Walter Kolbenhoff benannt. Zu dem »Ort, an dem ich am längsten gelebt habe« entwickelten der Schriftsteller und seine Frau Isolde eine verhaltene Beziehung, deren Entwicklung er 1977 unter der Überschrift »Wie Betonsilos zur neuen Heimat werden« für die »Süddeutsche Zeitung« beschrieb. Anfangs herrschte Entzücken über den »abenteuerlichen Ausblick aus dem nagelneuen Hochhaus«: »Kilometerweit erstreckte sich unter uns die bayerische Hochebene.« Aber gewaltige Maschinen donnerten heran, und »eines Tages blickten wir auf neue Hausfassaden, und von der bayerischen Hochebene war nichts mehr zu sehen. Wir waren eingeigelt.« Schlimmer noch: »Es gab keine gemütliche Kneipe an der Ecke, es gab keine Buchhandlung, es gab keine Menschen, die wir kannten.« Aber dann spricht ihn doch ein Nachbar an, ein »kleines Beisel« tut sich als Treffpunkt auf, und aus den armseligen Strünken vor dem Haus werden wunderbare Büsche. Fazit: »Es lässt sich auch zwischen Hochhäusern leben.«

K.v.S.

Eberhard Horst

*Düsseldorf 1. Februar 1924

Ist es Zufall, dass in Gröbenzell zwei erfolgreiche Autoren des gern verkannten Genres Historischer Roman lebten beziehungsweise leben? Otto Zierer[155], der in den 50er Jahren seine eher in Romanform geschriebene, mehrbändige Weltgeschichte vorlegte und später eine romanhaft verschleiernde Biografie von Franz Josef Strauß schrieb, und Eberhard Horst, der mit dem ihm anvertrauten und von ihm ins romanhafte transformierten Rohstoff Geschichte vorsichtiger und vor allem ehrfürchtiger umgeht.

Eberhard Horst, ein gebürtiger Düsseldorfer, ist auf vielen literarischen Gebieten zu Hause – als Reiseschriftsteller, als Essayist, als

Ausgewählte Werke:
Friedrich der Staufer, 1975
Der Sultan von Lucera – Friedrich II. und der Islam, 1992
Die spanische Trilogie, 1989
Geliebte Theophanu – Deutsche Kaiserin aus Byzanz, 1995
Hildegard von Bingen, 2000

Autor für den Rundfunk und das Fernsehen und als Literaturkritiker. Einem breiten Publikum bekannt wurde er jedoch durch seine Biografien historischer Persönlichkeiten. Mit seinem groß angelegten Werk *Friedrich der Staufer* tritt der Autor 1975 erstmals im Genre Romanbiografie an die Öffentlichkeit. Seine Arbeitsweise ist genau definiert: Eberhard Horst versucht bereits in dieser Biografie über eine der großen, schillernden Gestalten der abendländischen Geschichte zu zeigen, dass das vorgeblich »finstere« Mittelalter keinesfalls diese dumpfe, intolerante Welt war, wie sie manche Historiker gern schilderten. Er wirbt um Verständnis für menschliches Handeln und um Nachsicht für menschliche Fehler. Und Friedrich der Staufer, dem man nach seinem Tod den Beinamen »Stupor mundi« – »Staunen und Schrecken der Welt« gab, ist dafür ein Paradebeispiel: Ein Kind durchaus seiner Zeit und gleichzeitig ihr weit voraus.

Im Jahr 1997 griff Horst das Thema Friedrich der Staufer noch einmal auf und legte mit dem Büchlein *Der Sultan von Lucera* eine Studie über das Verhältnis der abendländischen Welt zum Islam zur Zeit der Staufer in Süditalien vor. In der *Spanischen Triologie* befasst sich Eberhard Horst erstmals mit großen Frauengestalten der Geschichte: Er stellt die Biografien der Isabella von Kastilien, Johanna der Wahnsinnigen und Teresa von Avila einander gegenüber, und es gelingt ihm dabei, ein anschauliches Bild der spanischen Gesellschaft des 15. und 16. Jahrhunderts zu zeichnen.

In das Hochmittelalter kehrt Eberhard Horst mit den Biografien *Geliebte Theophanu – Deutsche Kaiserin aus Byzanz*, einer romanhaften Biografie mit genealogischen Anhängen, und dem Werk *Hildegard von Bingen – Die Biographie*, erschienen bei Claassen im Jahr 2000, zurück. Horst versucht in der Hildegard-Biografie eine bewusste Abgrenzung zu den Mystifizierungen dieser von Esoterikern und andern gern vereinnahmten Nonne, die noch als 70-jährige anstrengende Predigtreisen unternimmt und ihre Visionen zu einer geschichtstheologischen Gesamtschau verbindet.

Eberhard Horst, so lobt ein Kritiker der Hildegard-Biografie »arbeitet gleichsam mit den Methoden eines modernen Restaurators, der ein Bildwerk Schicht um Schicht von den Übermalungen späterer Jahre reinigt«.

Der Autor wurde mehrfach ausgezeichnet, so mit dem Premio di Merito und dem Münchner Tukan-Preis. Er ist Mitglied des PEN und der Europäischen Akademie der Wissenschaften und Künste.

W.K.

Irina Korschunow

*Stendal 31. Dezember 1925

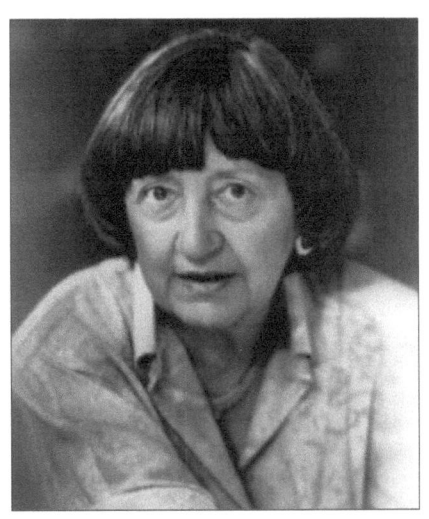

Sie haben grüne Haare, lieben Marmelade – und können leider nicht lesen, was in ihrem Zauberbuch steht: Mit den *Wawuschels* hat Irina Korschunow einen ihrer Klassiker geschaffen, heiß geliebt von Japan bis Großbritannien. Auch *Der Findefuchs* wurde vielfach übersetzt. In Schweden bekommt ihn jedes Elternpaar geschenkt, das ein Kind adoptiert. Die Gesamtauflage ihrer Kinderbücher bei dtv übersteigt zwei Millionen. Und doch stehen sie nur für eine Schaffensphase der 1925 in Stendal als Kind einer Deutschen und eines Russen geborenen Schriftstellerin. Angefangen hat sie nach dem Studium mit journalistischen Arbeiten, Erzählungen für die Samstagsbeilage der »Süddeutschen Zeitung« und prägnant-witzigen Texten für deren »Lokalspitzen«.

Das 1960 veröffentlichte Kinder-

Ausgewählte Werke:
Die Wawuschels mit den grünen Haaren, Kinderbuch, 1967
Hanno malt sich einen Drachen, Kinderbuch, 1978
Der Findefuchs, Kinderbuch, 1982
Glück hat seinen Preis, Roman, 1983
Malenka, Roman, 1987
Fallschirmseide, Roman, 1990
Das Spiegelbild, Roman, 1992
Ebbe und Flut, Roman, 1995
Von Juni zu Juni, Roman, 1999
Das Luftkind, Roman, 2002

buch *Der bunte Hund, das schwarze Schaf und der Angsthase* war eher ein Zufallsprodukt und keineswegs als Einstieg ins Schreiben für Kinder und Jugendliche gedacht. Dass dennoch zahllose einschlägige Bücher folgen sollten, hatte nicht zuletzt mit der Lebenssituation der Autorin zu tun. 1958 zog Irina Korschunow mit ihrem Mann, einem Geophysiker, von München ins nahe gelegene Gauting, wo 1960 ihr Sohn Nikolai geboren wurde. »Hier redet immer noch jeder Stein mit mir, weil ich so viel mit dem Kinderwagen unterwegs war«, erinnert sich die Autorin, die damals manchen Absatz im Schwimmbad geschrieben hat oder am Sandkasten.

1970 zogen die Korschunows nach Grafrath um, in ein eigenes Haus in der Rasso-Siedlung. »Landschaftlich sehr reizvoll gelegen, aber so richtig Fuß gefasst habe ich dort nicht«, lautet das Fazit zu gut 20 Jahren an der Amper. 1992 ist Irina Korschunow nach Gauting zurückgekehrt. Als nicht explizit genannter Schauplatz spielen Grafrath, das Ampermoos und der Fluss in den Jugendromanen *Die Sache mit Christoph* (1978) und *Ein Anruf von Sebastian* (1981) eine Rolle.

Lag der Reiz des Kinderbuchschreibens für Irina Korschunow vor allem darin, dass »fast alles möglich ist, wenn die Fantasie regiert«, ging es ihr in den Jugendromanen um ernste Themen wie Selbstmord oder die Nazizeit. Wurde die Autorin gefragt, warum sie keine Kinderbücher mehr schreibe, lautete ihre Antwort: »Ich denke, es war alles gesagt, was ich Kindern zu sagen habe.« Ein Hinweis darauf, dass für sie die Übersetzung realistischer Probleme aus dem Kinderalltag ins Reich des Fantastisch-Verspielten ein wichtiger Antrieb war.

Obwohl ihre Romane für junge Leser weniger komplex sind als die ab den frühen 80er Jahren entstandene Erwachsenenliteratur, war es doch für Irina Korschunow kein großer Schritt mehr zu einem autobiografisch geprägten Werk wie *Glück hat seinen Preis* (1983). In dieser Familienchronik fragt sie mit rückhaltloser Ehrlichkeit nach dem Muster für die Selbstaufgabe im Leben von Großmutter und Mutter – und kommt zu dem Schluss, für sich andere Wege zu suchen.

Zu sagen, »wie es gewesen sein könnte«, ist Prinzip ihres Erzählens, das meist um einen Lebensabschnitt der Hauptfiguren kreist, in dem diese sich entschließen oder gezwungen sehen, Grenzen zu überschreiten: »Kein Happy End, aber eine Möglichkeit, weiter zu machen. Der Schluss bleibt offen, die Geschichte ist an jenem Punkt angelangt, wo das Leben der Hauptfigur eigentlich erst wirklich beginnt.«

Intuitiv schreibt Irina Korschunow, ohne festen Plan. Immer wieder überarbeitet sie Passagen, tippt sie von neuem ab, bis sie sie auswendig im Kopf hat. Dabei geht es ihr nur um eines: »Ich will eine bestimmte Geschichte möglichst stimmig erzählen. Im Nachhinein mag sich eine Botschaft herauskristallisieren, aber auf die kam es mir beim Schreiben nicht an, die muss sich ergeben.« Psychologisierende Nabelschau (»diese ganze Seelenklempnerei«) liegt ihr ebenso fern wie prätentiöse Manierismen nach dem Motto »Schaut her, dies ist Literatur«. In genauen, meist knappen Sätzen bringt sie Dinge auf den Punkt.

Ab den späten 70ern entstanden neben Romanen wie *Malenka* und *Der Eulenruf* auch diverse Fernsehspiele. Gleich das erste auf Basis der Erzählung *Der Führerschein* wurde von Zuschauern zum »Fernsehspiel des Monats« gekürt. Die Schriftstellerin war dabei aufs »learning by doing« angewiesen: »Man hat mir gesagt: In die Mitte der Seite ein Strich, und dann kommt links das hin, was man sieht, und rechts alles, was man hört. Das war mein ganzes Drehbuchseminar.«

Da die mit wichtigen Preisen (Roswitha von Gandersheim-Gedenkmedaille, Tukan-Literaturpreis der Stadt München) ausgezeichnete Schriftstellerin ihre Romane meist in der Vergangenheit ansiedelt, gehört ausführliche Recherche für sie zum Handwerk, sei es über das Leben von Annette von Droste-Hülshof, das sie in *Das Spiegelbild* dem Leben einer Journalistin von heute gegenüberstellt, sei es die Vorkriegszeit in einem armen Dorf in der Lüneburger Heide (*Der Eulenruf*), über die sie viel von inzwischen verstorbenen Pastoren aus dieser Gegend erfuhr.

Für den Roman *Ebbe und Flut* (1995), der auf einer Nordseeinsel angesiedelt ist, hat sie sich ausführlich damit befasst, wie man ein Hotel baut und betreibt, aber auch mit der Frage, wie ganz durchschnittliche Menschen dort zu Nazis wurden.

»Was tun Menschen mit Menschen?« lautet einmal mehr ihr Thema. *Fallschirmseide* (1990) bringt den Aufstieg einer Flüchtlingsfamilie zu Zeiten des Wirtschaftswunder nicht moralisch schlicht auf die Formel »Geld macht unglücklich«, sondern geht kenntnisreich der Frage nach, was mit einem geschieht, der als Firmenchef reich und mächtig wird.

Mit der Schilderung der Gegenwart tut sich die vielseitige Erzählerin schwer: »Wenn ich über die Vergangenheit schreibe, weiß ich eher, was wichtig ist. Dann denke ich nicht ›Eigentlich müsste da jetzt noch der Irak mit rein oder sonst ein aktuelles Problem‹.« Vielleicht deshalb wirkt *Von Juni zu Juni* (1999) zuweilen etwas kolportagehaft in der Schilderung einer Boulevardreporterin, die mit ihren Mutmaßungen und Enthüllungen die scheinbar heile Welt eines Münchner Schickeria-Paares zum Einsturz bringt.

In ihrem jüngsten Roman *Das Luftkind* (2002) wendet sich Irina Korschunow erneut der NS-Zeit zu. Grenzen überschreitet hier eine märkische Adelige, indem sie einen jüdischen Studenten versteckt und ihm so das Leben rettet. Eine Tat, die – typisch Korschunow – nicht zum politischen Heldinnentum verklärt wird, obwohl man auch von diesem Buch sagen könnte, seine Botschaft laute: Habe den Mut, du selbst zu sein.

K.v.S.

Martin Gregor-Dellin

*Naumburg an der Saale
3. Juni 1926
†23. Juni 1988 München

Literaturkritiker, Essayist, Herausgeber, Verfasser von Romanen, Erzählungen und ungewöhnlich kenntnisreichen Musikerbiografien: Martin Gregor-Dellin entzieht sich als vielseitiger »Homme des lettres« jeder Einordnung. Als Martin Gustav Schmidt wurde er 1926 in Naumburg an der Saale geboren und wuchs im benachbarten Weißenfels auf. Martin Gregor nannte er sich später als Autor, Dellin ist der Geburtsname seiner Frau Annemarie, die er 1951 heiratete. Zu dieser Zeit war er Lektor beim Mitteldeutschen Verlag in Halle, wo 1956 auch sein erster Roman *Jüdisches Largo* erschien (bundesdeutsche Neuausgabe unter dem ursprünglich vom Autor vorgesehenen Titel *Jakob Haferglanz*, 1963).

Ausgewählte Werke:
Jakob Haferglanz, Roman, 1956/63
Der Kandelaber, Roman, 1962
Möglichkeiten einer Fahrt, Erzählungen, 1964
Einer, Roman, 1965
Föhn, Roman, 1974
Klaus Mann. Werkausgabe, Herausgeber ab 1975
Das Riesenrad, Erzählungen, 1976
Richard Wagner. Sein Leben. Sein Werk. Sein Jahrhundert, 1980
Schlabrendorf oder Die Republik, 1982
Was ist Größe? Sieben Deutsche und ein deutsches Problem, 1985

Sekundärliteratur:
Pathos und Ironie. Ein Lesebuch von und über Martin Gregor-Dellin, 1986

Dieser Versuch, fiktive Musikerbiografie, Zeitbild und Entwicklungsroman zu vereinen, wurde in der DDR als allzu bürgerliche, von Thomas Mann beeinflusste Geschichte über das Leiden eines Hochbegabten an der unmenschlichen Gesellschaft abgetan. Dellin ließ jenen »klaren« Standpunkt zum als Bedrohung für Jakob Haferglanz heraufziehenden Faschismus vermissen, den Kritiker wie Günter Kunert von ihm erwartet hatten. Wenig überraschend, dass Gregor-Dellin 1958 in die Bundesrepublik überwechselte, wo er zunächst in Bayreuth als freier Schriftsteller und ab 1961 als literarischer Redakteur des Hessischen Rundfunks arbeitete.

Von 1962 an leitete er das Lektorat der Nymphenburger Verlagsbuchhandlung in München und wurde als Verfasser von *Der Kandelaber* (1962) ein viel beachteter Romanautor. Die Hauptfigur Lehrer Blumentritt versucht unter DDR-Verhältnissen zurechtzukommen, stürzt aber am Ende »kopfüber in die dunkle Schlucht«. Unmenschliches System treibt Durchschnittsmenschen in den Tod, weil er sich nicht bedingungslos anpasst: Solche Kritik stand einem Romanerfolg nicht im Weg. Diesmal galt die Verknüpfung von Einzelschicksal und Zeitgeschichte als gelungen.

Gregor-Dellin begann am Nachlass Klaus Manns zu arbeiten, wurde zum Initiator und Herausgeber einer neuen Werkausgabe. Prosastücke unter dem Titel *Möglichkeiten einer Fahrt* (1964) bewiesen wie später der Erzählungsband *Das Riesenrad* (1976) seinen Sinn für die kurze Form, für prägnantes, formal nicht streng fixiertes Erzählen. Als missglückt galt hingegen *Einer* (1965), ein zeitkritisch angelegtes, wenig welthaltiges Experiment in Sachen Briefroman. Gregor-Dellin arbeitete an Hörspielen, gab Sammlungen mit Schul- und Geistergeschichten heraus, zog 1969 nach Gröbenzell und wurde 1971 mit dem Tukan-Literaturpreis der Stadt München ausgezeichnet.

Drei Jahre später hat der Preisgekrönte einen »München-Roman« veröffentlicht, in dem die Stadt ausgesprochen böse leuchtet. *Föhn* geht von einem Banküberfall in der Prinzregentenstraße aus, der tatsächlich stattgefunden hat, und entwirft ein facettenreiches Porträt der frühen 70er Jahre. »Zu Sparkassen-Angestellten, katholischen Bankräubern und Radio-Redakteuren fällt ihm zwar auch einiges ein; aber das kommt erwartet und lässt sich berechnen«, merkte Walter Jens in einer Gratulation zum 60. Geburtstag kritisch an.

Jens schätzt Gregor-Dellin vor allem als Verfasser von Biografien: »Sobald er Lebensläufe aufdröselt, historische Personen agieren lässt, Geschichtsszenen nachzeichnet, ist Gregor-Dellin in seinem ureigenen Element.« Der vor allem an Musikern interessierte Autor – er hatte 1976 die Tagebücher von Cosima Wagner herausgegeben und mehrere Bücher über Wagner verfasst, darunter 1973 den Essay *Richard Wagner – die Revolution als Oper* – tat dies vor allem in der monumentalen Biografie *Richard Wagner. Sein Leben. Sein Werk. Sein Jahrhundert* (1980).

20 Jahre intensiver Beschäftigung mit Leben und Werk des Komponisten mündeten hier auf 800 Seiten Erzählung (plus 100 Seiten Anmerkungen) in einen ungeheuer detailreichen »Roman vrai« ohne Polemik oder Heldenverehrung, der sich kein Fantasieren erlaubt und dennoch nicht auf recherchierte Fakten fixiert bleibt. »Wobei der Leser oft erfahren muss, dass die Zitate erfunden und die vermeintlichen Schreibtischträumereien echt sind«, rühmt Walter Jens den Autor dafür, dass dieser »das ›beinahe‹ und ›fast‹ als die große Möglichkeit gegen die kleine Wirklichkeit des ›ist‹ ausspielt«: »Immer das ›so war es‹ mit dem ›war es wirklich so?‹, das ›da ging es lang‹ mit dem ›und wenn's dorthin gegangen wäre?‹ gekoppelt.«

Carl Dahlhaus nannte *Richard Wagner* in der »Zeit«, für die auch Gregor-Dellin manchen Artikel verfasst hat, »den seltenen Glücksfall einer Komponisten-Biografie, die wissenschaftlich unanfechtbar ist und zugleich für ein größeres Publikum, das den Anhang ignorieren möchte und dem Autor vertraut, statt ihn kontrollieren zu wollen, eine in jedem Augenblick fesselnde Lektüre bildet«.

Musikalische Sachkenntnis der professionellen Art bewies der privat Cello spielende Gröbenzeller auch mit *Heinrich Schütz. Sein Leben. Sein Werk. Seine Zeit* (1984). Thomas Mann, Luther und Goethe, Brahms, Händel sowie erneut Wagner und Schütz sind ein Jahr später Gegenstand von *Was ist Größe?*. Kein Grund zur Verklärung: »Man erfährt hier genau, wie Größe auch etwas zu tun hat mit Fragilität. Mit Not, die sich dem Menschen aufdrängt aus sozialem Verhängnis, aus psychologischen Bedingungen« (die Kritikerin Elisabeth Endres).

Martin Gregor-Dellin, mit dem Bundesverdienstkreuz erster Klasse ausgezeichnet, seit 1980 Mitglied der Bayerischen Akademie der Schönen Künste und ab 1982 Präsident des PEN-Zentrums Deutschland, dessen Generalsekretär der überzeugte Gewerkschafter bereits seit 1976 war, befasste sich in seinen letzten Lebensjahren mit diversen Projekten. Tendenzen zum Romanhaften entwickelt *Schlabrendorf oder Die Republik* (1982). Die Biografie eines preußischen Adeligen verzettelt sich nach Ansicht mancher Kritiker streckenweise im Anekdotenhaften. Eine Sammlung mit Kurzprosa erschien 1986 unter dem Titel *Italienisches Traumbuch*. Nicht mehr vollenden konnte der Autor die Lebensschilderungen zweier bemerkenswerter Persönlichkeiten: Friedrich von Hardenberg (Novalis) und Martin Gregor-Dellin.

K.v.S.

Haydar Isik

*Xidan (Provinz Dersim)
1. September 1937

Ausgewählte Werke:
Der Agha aus Dersim, 1990/95
Verloren in Deutschland, Erzählungen, 1996
Die Vernichtung von Dersim, Roman, 1996/2002

„Vergesst niemals dieses Massaker!", fordert der Dorfälteste Alibinat in *Die Vernichtung von Dersim*. Für Haydar Isik, den Verfasser dieses Romans, sind die grausamen Ereignisse seines Geburtsjahres 1937 lebensbestimmend geworden. 70 000 Kurden starben, als die Türkei einen Aufstand in der Provinz Dersim (heute Tunceli) brutal niederschlug. Seine Mutter rettete sich mit ihrem einzigen Sohn in die Wälder der 2000 Meter hoch gelegenen »Gegend, wo die Winter lang sind«.
Bis Haydar Isik sieben Jahre alt war, hat er kein Wort Türkisch ge-

sprochen. Eine ihm aufgezwungene Sprache sollte die seines Alltags und später auch seiner Romane werden. Nicht nur die Selbstverwaltung hat man den Kurden verweigert, sondern auch ihre Muttersprache. Ein zweites Mal mit einer ihm vollkommen fremden Sprache konfrontiert war Isik 1974, als die türkische Regierung den Absolventen eines Pharmazie- und Lehramtsstudiums nach Deutschland schickte, wo er seitdem an einer Münchner Realschule den Kindern türkischer Gastarbeiter die Sprache ihrer Eltern beibrachte.

Das Massaker von Dersim aber hatte er nicht vergessen. Vorträge über die Situation der Kurden zu halten, schien ihm auf Dauer unbefriedigend: »Das geht zum einen Ohr rein und zum anderen wieder raus. Nur individuelle Schicksale berühren wirklich«, sagte sich Isik, und weil er diverse Bücher ins Türkische übersetzt hatte, lag der Gedanke nahe, selber eines zu schreiben. Die politische Botschaft wurde für ihn zum Anstoß, Autor zu werden, sich an viele Geschichten zu erinnern, die man sich in langen Wintern in seinem Dorf Xidan erzählt hatte.

Der Agha aus Dersim heißt sein erster Roman, der in der Türkei 1990 großes Aufsehen erregte und drei Wochen nach seinem Erscheinen verboten wurde. Eine deutsche Übersetzung kam 1995 auf den Markt. Noch ausführlicher schildert *Die Vernichtung von Dersim* (1996/2002) Alltag, Kultur und Bräuche der kurdischen Alewiten, ihre Naturverbundenheit und den brachial niedergekämpften Widerstand gegen die Fremdbestimmung. 1996 erschienen Erzählungen unter dem Titel *Verloren in Deutschland*. Haydar Isik, von 1996 bis 1998 Vorsitzender des Kurdischen PEN-Zentrums, ist Mitglied des kurdischen Nationalkongresses. Sowohl von türkischer als auch von deutscher Seite wurde ihm sein Engagement verübelt. Die Türken bürgerten ihn nach dem Militärputsch aus und ließen seine gesamte Habe versteigern. In Deutschland, dessen Staatsbürgerschaft Isik seit 1984 besitzt, verdächtigte man ihn, Sympathien für die PKK zu hegen. Mehrfach wurde im Jahr 2000 auf Beschluss der Staatsanwaltschaft München die Wohnung des mittlerweile pensionierten Lehrers in Maisach durchsucht.

Isik, der von einem Einschüchterungsversuch spricht und Verbindungen zur PKK bestreitet, ließ sich nicht beirren. Sein im Februar 2004 auf Türkisch erschienener Roman *Das letzte Asyl* handelt von einem Lehrer, der zu Unrecht verdächtigt wird, der PKK nahe zu stehen. Die Türken foltern ihn – und treiben ihn so in die Arme der PKK, die aber nichts mit ihm anzufangen weiß. Auf dem Umweg über Istanbul landet er in München. Wegen der Teilnahme an der kurdischen Autobahnbesetzung bei Augsburg wird sein Asylantrag abgelehnt.

K.v.S.

Herbert Riehl-Heyse

* Altötting 2. Oktober 1940
† 23. April 2003 Eichenau

Selten kommt es vor, dass der Bundespräsident bei der Totenfeier für einen Journalisten spricht. Ausnahmezustand auch bei der »Süddeutschen«: »Eine Zeitung hatte ihr Herz verloren«, schrieb Evelyn Roll zum Tod von Herbert Riehl-Heyse am 23. April 2003. »Die Leser dieser Zeitung hatten einen Lieblingsautor verloren, ihren Maßstab und Orientierungspunkt. Die besten Journalisten in allen guten Zeitungen und Sendern des Landes aber hatten ihren ›Riehl‹ verloren, den Freund, Mentor und informellen Leitwolf.«

Vorbild war er stilistisch, vor allem aber als meinungsstarker Journalist ohne Voreingenommenheit und Hang zum Belehrenden. »Jeder, über

Ausgewählte Werke:
CSU. Die Partei, die das schöne Bayern erfunden hat, 1979
Bestellte Wahrheiten. Anmerkungen zur Freiheit eines Journalistenmenschen, 1989
Götterdämmerung. Die Herren der öffentlichen Meinung, 1995
Ach, du mein Vaterland. Gemischte Erinnerungen an 50 Jahre Bundesrepublik, 1998
Arbeiten in vermintem Gelände. Macht und Ohnmacht des Journalismus, 2002
Jugendwahn und Altersstarrsinn. Mein ganz persönlicher Generationenkonflikt, 2003

den er schrieb, bekam zunächst einmal die Chance, sich selbst darzustellen«, beschreibt Karl-Otto Saur das Bemühen seines Ex-Kollegen, Menschen stets an ihrem eigenen

Anspruch zu messen. Er schildert den wichtigsten Autor der »Süddeutschen« als zugleich ihren wichtigsten Mitarbeiter: »Nicht nur in seiner Zeit als stellvertretender Chefredakteur in den 80er Jahren war er derjenige, der für jeden im Haus ein offenes Ohr und ein offenes Herz hatte.« Dies gilt insbesondere für junge Kollegen, von denen nicht wenige »den Riehl« als Lehrer an der Journalistenschule schätzen lernten.

Nur einer von zwei Riehls im Verlag war Herbert zu Beginn seiner Laufbahn nach dem zweiten juristischen Staatsexamen. Beim »Münchner Merkur« arbeitete bereits sein älterer Bruder Hans, später Chefredakteur der Boulevardzeitung »tz«. 1968 war zugleich das Jahr, in dem beide nach Eichenau zogen. Herbert Riehl ergänzt seinen Familiennamen zur besseren Unterscheidung um den Mädchennamen seiner Frau Gabi. 1971 wechselt Riehl-Heyse dann vom »Merkur« (für ihn schon damals denkbar problematischer Hausgott: Franz Josef Strauß) zur »Süddeutschen«, die er nachhaltig prägt – ab 1987 als stellvertretender Chefredakteur und Chefreporter.

Ob Streiflicht oder große Seite-Drei-Reportage: Riehl-Heyse setzt auf ironische Distanz, lässt den Leser seine eigenen Schlüsse ziehen. »Er versuchte nicht zu verbergen, dass es objektives Schreiben gar nicht gibt. Im Gegenteil: Er stellte sich selbst, ›den Reporter‹, mit seiner Subjektivität in die Geschichten – eine Methode, die die Medienforscher später ›Objektivität durch Subjektivierung‹ nannten« (Evelyn Roll).

Vom leichten und doch nie oberflächlichen Ton seiner Texte vermitteln auch diverse Bücher einen Eindruck, insbesondere *Ach, du mein Vaterland* (1998), laut Untertitel »Gemischte Erinnerungen an 50 Jahre Bundesrepublik«, laut Autor »zwei Biographien, parallel erzählt«. Eine ist folglich die seine, und der Leser erfährt Erhellend-Erheiterndes nicht nur über Brandt, Kohl und Strauß (»lange das wichtigste Objekt meiner journalistischen Begierden«), sondern auch über des Verfassers Verhältnis zur Studentenbewegung oder zu seinem Geburtsort Altötting.

Jugendwahn und Altersstarrsinn (2003) widmet sich dem Generationenkonflikt (wie gewohnt in dem Bemühen, beiden Seiten gerecht zu werden, ohne sie mehr als angemessen zu schonen), aber auch Uschi Glas und Hermann Hesse, dem Sport und der Wachstation des Krankenhauses. An Krebs erkrankt, konnte Riehl-Heyse das Buch nicht mehr vollenden. Der unter anderem mit dem Egon-Erwin-Kisch-Preis, dem Theodor-Wolff-Preis und dem Wächterpreis ausgezeichnete Journalist starb in Eichenau, wo seine Frau 1998 zur Zweiten Bürgermeisterin gewählt wurde und er selbst häufig bei Podiumsdiskussionen oder Lesungen zu Gast war.

K.v.S.

Fürstenfeldbruck als Schauplatz bei
Friedrich Christian Delius

*Rom 13. Dezember 1943

F. C. Delius wurde 1943 in Rom geboren, wuchs im hessischen Wehrda auf und wohnte erstmals von 1963 bis 1978 in Berlin. Bereits während seines Germanistikstudiums in den 60er Jahren verfasste er lyrische Stücke. Sein Studium schloss er 1970 mit Promotion ab und war bis 1978 als Lektor in mehreren Verlagen, u.a. in München, tätig. Die Jahre 1978 bis 1980 verbrachte er in Nimwegen in Holland. Seitdem lebt er abwechselnd in Berlin und Rom. Er schreibt Gedichte, Prosa, Dramen und Hörspiele. Sein bevorzugtes Thema in Gedichten und Dokumentationen ist die Innenansicht von Machtzentralen (*Unsere Siemenswelt*).
In seinem ersten Roman *Ein Held der*

Ausgewählte Werke:
Kerbholz. Gedichte, Westberlin, 1965
Unsere Siemens-Welt, Festschrift, 1972
Ein Held der inneren Sicherheit, Roman, 1981
Ein Bankier auf der Flucht, Gedichte, 1975
Die Birnen von Ribbeck, Erzählung, 1991
Japanische Rolltreppen, Tanka-Gedichte, 1989
Himmelfahrt eines Staatsfeindes, Roman, 1992
Der Sonntag, an dem ich Weltmeister wurde, Erzählung, 1994
Der Königsmacher, Roman, 2001
Warum ich schon immer Recht hatte – und andere Irrtümer, Ein Leitfaden für deutsches Denken, 2003

Inneren Sicherheit aus dem Jahr 1981 thematisiert Delius die Entführung des Arbeitgeberpräsidenten Hanns Martin Schleyer und den Austausch gegen einen Terroristen der Roten Armee Fraktion. Im Vordergrund stehen aber die Veränderungen, die sich in jener Organisation vollziehen, deren Chef gekidnappt worden ist.

1975 machte er den Selbstmord eines arbeitslosen Jesenwanger Maurers in einem Fürstenfeldbrucker Neubau zum Gegenstand des Gedichtes *Nachruf auf einen Maurer*. Mit diesem und den meisten anderen Gedichten aus *Ein Bankier auf der Flucht* übt Delius auf polemisch-sarkastische Weise Kritik an der profitorientierten Gesellschaft. Sein Werk zeichnet sich durch Ironie, Satire und kritische Reflexion aus. Im Jahr 2004 erhielt Delius den Hasenclever-Literaturpreis von Aachen. Delius lebt heute abwechselnd in Berlin und Rom.

A.M.

Heiner Link

*München 5. Februar 1960
† 30. Mai 2002 München

Ausgewählte Werke:
Hungerleider, Roman, 1997
Trash-Piloten, Herausgeber, 1997
Affen zeichnen nicht, Humoresken, 1999
Mein Jahrtausend, 2002
Frl. Ursula, Roman, 2003

Hier Eichenau. Alles ruhig an der bürgerlichen Front.« Ausgerechnet Heimatverbundenheit bei einem, der zu wenigem ein ungebrochenes Verhältnis zu haben scheint? Nicht ganz frei von Hohn: »Jeden Tag, wenn ich durchs Puchheimer Gewerbegebiet fahre, fühle ich die Kraft der Industrie, die Wärme der LKW-Laderampen und die Melancholie der Gebrauchtwagenhalden mitsamt den heimeligen Imbissbuden.« Zitiert aus *Affen zeichnen nicht*, einem Reclam-Band von 1999, dessen bissige Kurztexte über Sandflohhändler und gefälschte Wüsten von der »Neuen Zürcher Zeitung« gepriesen wurden: »Ökonomisch und elegant laviert Heiner Link zwischen dem strengen Dummdeutsch der Werbebroschüren und dem eigenen lockeren Mundwerk.«

Des Eichenauers letztes Buch *Frl. Ursula* (2003) nimmt der Rowohlt Verlag zum Anlass, die Texte des am Fronleichnamstag 2002 tödlich mit dem Motorrad verunglückten Autors als »literarische Rebellionen aus der Doppelhaushälfte« einzustufen. Rebellionen gegen den eingefahrenen Kulturbetrieb, ästhetische Vorschriften, den Kunstanspruch, feuilletonistische Zwänge, die Vermarktung. Link als Herausgeber der Anthologie *Trash-Piloten. Texte für die 90er* (1997). Texte nah am Alltag, fern vom Mainstream.

Aber warum die Doppelhaushälfte? Link weiß: Die Revolte ist aussichtslos. Was tun? Sich bei klarem Bewusstsein zu arrangieren scheint nur erträglich, solange er mit Witz Funken schlägt aus der Konfrontation mit dem bürgerlichen Alltag: lakonisch-komisch. Norbert Niemann attestiert ihm im Nachwort zu *Frl. Ursula* »Humor und eine tiefe, nie verleugnete Verbundenheit mit der eigenen Herkunft, den angeblich nicht literaturfähigen Existenzformen des deutschen Mittelmaßes. Sein Thema war die Exotik der schnuckeligen Einfamilienhäuser nebenan. Willkommen in Eichenau.«

Sprachwitz als letzter Widerstand trägt auch Heiners ver-linkte Korrespondenz mit Georg M. Oswald, Norbert Niemann, Helmut Krausser über die Jahrtausendwende. Phrasen aller Art werden Spielmaterial für einen »stream of (un)consciousness«, konsequent platziert unter www.heinerlink.de in der Internet-Gemütlichkeit des »globalen Dorfwirtshauses«. Öffentlicher Smalltalk mit Autorenkollegen vom 28. Juni 1999 bis 6. Mai 2000 unter dem Titel *Die Banalität des Prolligen*, zu Recht in die eigene Sophistication verliebte Eintragungen über Supermarktsortimente und »so einen Spaß an der Lyrik in letzter Zeit«. Als Buch 2002 unter dem Titel *Mein Jahrtausend* veröffentlicht – inklusive Bekenntnis zum Doppelhaus: »Ich fühle mich im Landkreis Fürstenfeldbruck wohl.«

Gab es im rabiat humorvollen Roman *Hungerleider* (1997) noch das Ideal »Dass wir uns zusammenrotten zu einem Rebellenhaufen«, so liefert *Frl. Ursula* Innenansichten der Mittelmäßigkeit, ganz nah dran am Vorstadtspießer mit nur gelegentlichen Bürgerschreck-Eskapaden (Sprüche an der Golfklub-Toilettenwand). Als Ich-Erzähler mitten drin in der groben Männergeseligkeit – das hat Link nicht nur Lob eingebracht, als er 2001 in Klagenfurt ein Kapitel vortrug. Klimbim-Herrenwitze? Zu viel des Macho-Gelabers?

Ausgerechnet die harmoniesüchtige Elke Heidenreich kommt der Sache näher: »Es ist ein sehr witziges, gleichwohl äußerst deutliches Buch. Es ist nichts für zimperliche Gemüter.« Soll wohl heißen: Link lesen – es sei denn, man mag undeutliche Bücher.

K.v.S.

Hier geboren oder aufgewachsen

Interessant

Unlängst in Zeitungs Kulturtheil
Las ich ein slowenischs Gedicht
Des Kollegen Slowo Wenja
(Alle beide kannte ich nicht)

Das Gedicht war keins über die Flora
Und auch die Fauna kam kaum drin vor
Und es passte weder ins tragische
Noch ins Humorressort

Es entbehrte der Benörglung des Wetters
Und der Reflektion des Generationskonflikts
Der Hinterfragung der Pläne Gottes
Und des Beförderungserschleichungsdelikts

Es ignorierte auch die Frage
Ob Deckung erlaubt sei vor Sicht
Es war bei Lichte gelesen
Ein endogen slowenischs Gedicht

Es bezog sich praktisch auf niemand
Und auch jemand fand nicht statt
Und unerwähnt blieben Währung
Und Fluss und Land und Stadt

Nie werde ich vergessen
Slowo Wenjas slowenischs Gedicht
Und sein massives Verzichten
Auf Bedeutungsübergewicht

Horst Tomayer (geb. 1938), *German Poems*, 1990

Johannes Baptist Waas

*München 1. April 1904
†27. Januar 2002
Bad Oeynhausen

Offensichtlich kam er, der kurz nach seiner Geburt mit seinen Eltern nach Fürstenfeldbruck übersiedelte, mit den Bruckern nicht zurecht, und die Brucker scheinen ihn nicht gemocht und schon gar nicht verstanden haben. Als Johannes Baptist Waas im November 1932 vom Berliner Rundfunk eingeladen wurde, seine Gedichte und Novellen vorzutragen, schrieb Heribert Schrenk im Fürstenfeldbrucker Wochenblatt mit süffisantem Unterton: »Es scheint, dass die Berliner mehr für ihn übrig haben als seine engeren Landsleute, die durch verschiedene Vorkommnisse kopfscheu gemacht wurden. Umso erfreulicher ist es,

Ausgewählte Werke:

Das ewige Leben, 1929
Davoser Elegien, 1931
Gesänge von den Tiefen der Seele, 1932
Ecce homo, 1933
Jahrmarkt der Seele, 1933
Die wandernde Seele, Gedichte, 1933
Sinnbild der Landschaft, Gedichte, 1937
Gesänge von Himmel und Erde – Dem Unendlichen und All-Einen, 1953
Der tragische Mensch im untragischen Raum, 1955
Am Fenster der großen Promenade, 1979

wenn Waas diese Schwierigkeiten überwunden und als Dichter Geltung gefunden hat.«[156] 1929 hatte er bereits im Münchner Verlag P. Stangl die Gedichtsammlung *Das ewige Werden* veröffentlicht, zwei Jahre später die *Davoser Elegien* in St. Blasien bei Weissenberger und schließlich noch in Fürstenfeldbruck die *Gesänge von den Tiefen der Seele*. Die Kölnische Zeitung schrieb in einer Besprechung dieser frühen Gedichtbände: »Waas ist einer jener religiös Versenkten, die im Anschauen der Welt, der Erde, die Nähe Gottes spüren, die aus allen Poren bluten, mit tiefer Sehnsucht getränkt und erfüllt im Glauben allein. Wenn dieses Ringen einmal klarer, erfüllter geworden ist – denn darüber sollte kaum bei seiner Kraft ein Zweifel bestehen – dann wird er Anschauung und Wort, aus Erleben und Sinn die tiefe Form seines Werkes endgültig finden.«

Einige Jahre zuvor hatte Johannes Baptist Waas an einer von der Konzertdirektion Hack organisierten Lesereise teilgenommen, die unter anderem auch nach Göttingen führte. Dieser Lesung wohnte Stefan Zweig bei, der einige Tage vorher aus seinem Werk gelesen hatte. Er drückte dem jungen Dichter die Hand, gratulierte ihm, lud ihn zum Frühstück ins Hotel ein und machte ihn schließlich auf Hans Carossa aufmerksam. In einem Brief an Carossa empfahl Zweig den jungen »ahnungsweise höchst begabten Lyriker« wärmstens, woraus dann ein Briefwechsel entstand und 16 Jahre später eine erste Begegnung.

1930 war für Johannes Baptist Waas ein Schicksalsjahr. Er erlitt einen Blutsturz und wurde vier Monate lang im Brucker Krankenhaus medizinisch betreut. Zur Genesung erhielt er eine Einladung des Präsidenten des Deutschen Roten Kreuzes, Joachim Winterfeld nach Davos. Davos und später das Kleinwalsertal sollten die zweite Heimat des Dichters werden. Bei einem Aufenthalt 1932 lernte er in einem Davoser Sanatorium den Dichter Jakob Schaffner, Träger des großen Schweizer Schillerpreises, kennen. Waas stellte ihm seinen im Entstehen begriffenen Gedichtzyklus *Davoser Elegien* vor. Schaffner schrieb dem jungen Dichter umgehend: »Ich bin diesem Ton seit Novalis nicht mehr begegnet und erstaune, wie modern dabei jede Wendung ist. Ihr Tonfall klingt echt und die Gelöstheit der Seele schwingt unmittelbar durch Wort und Rhythmik in den Leser über ... Sie haben Wohlklang mit Fülle und Gehalt, Bewegung mit Ziel, Tun und Sinn, und jede Prägung geht ins große Sinnbild ein.«

Schaffner lässt dem jungen, noch kranken Dichter seine sämtlichen Bücher zuschicken und veranstaltet Lesungen, deren Erlös er Waas zur Verfügung stellt. Schaffner gründet schließlich – ebenfalls eine Anregung aus der Begegnung mit Waas – in Berlin die Notgemein-

schaft für deutsches Schrifttum. In einem Artikel für die Vossische Zeitung in Berlin setzt sich Schaffner vehement für Waas ein. Unter der Überschrift *Von den Tiefen der Seele* schreibt der Schweizer Schriftsteller 1933 unter anderem: »... dieser Ton ist in der deutschen Dichtung lange nicht mehr aufgeklungen und heute, wo die Jungen allzu tief in den sozialen und politischen Problemen verfangen sind, bedeutet er vollends ein Phänomen ... Hier ist einer, der die Welt und den Menschen darin im Fundament anfasst und beidem einen neuen Stand und neue Richtung gibt.«

Waas war zu diesem Zeitpunkt bereits von Bruck zunächst nach Berlin und ein Jahr später nach Bad Oeynhausen übersiedelt. Der Grund dafür war seine Heirat mit der aus Bad Oeynhausen stammenden Edith Rank, die 1935 im 30. Lebensjahr verstarb. 1941 heiratete er die Künstlerin Anna Luise Cäsar aus Konstanz, die am 19. Dezember 1984 verschied. Anna Luise Waas, die sich der Kunst der Collage verschrieben hatte, sorgte ebenfalls dafür, dass ihr Mann sich neben der Dichtkunst auch mit der bildenden Kunst auseinander setzte. Bilder von Anna Luise und Johannes Baptist Waas waren in mehreren Ausstellungen in der Städtischen Galerie Bad Oeynhausen zu sehen, und 1989 übergab Waas vier seiner Werke der Münchner Staatsgalerie. Ironie des Schicksals: Waas wurde schon bald nach der Machtergreifung durch die Nationalsozialisten aus der eigentlich für ihn und seinesgleichen gegründeten Notgemeinschaft für deutsches Schrifttum ausgeschlossen. Dennoch konnte Oskar Loerke[157] zusammen mit Schaffner erwirken, dass Waas die Ehrengabe der deutschen Dichterakademie erhielt. Neben seiner Tätigkeit als Dichter arbeitete Waas eine Zeit lang als Koordinator für Volksbildung im Bereich Herford und Bad Oeynhausen und organisierte Dichterlesungen (bis 1935). In Berlin fand Johannes Baptist Waas in Victor

Otto Stomps[158] einen Verleger, der in seiner berühmten Rabenpresse noch 1938 den Gedichtband *Sinnbild der Landschaft* und schließlich das Waas-Schauspiel *Johannes und Michael* herausgab. Das Stück wurde kurz vor der in Stuttgart geplanten Uraufführung wegen seiner pazifistischen Tendenz verboten, die im Rabenverlag noch vorhandenen Exemplare beschlagnahmt und eingestampft. Der Rabenverlag wurde geschlossen.

Im Alter von 90 Jahren sollte Waas zum Genre Schauspiel zurückkehren. 1990 legte er die dramatische Dichtung *Labyrinth des Herzens* vor, die er unter dem Arbeitstitel *Tödliches Spiel* geschrieben hatte. Eine in München geplante Uraufführung unterblieb.

Waas war in der Mitte der 30er Jahres durch seine Heirat Mitbesitzer eines Anwesen in Bad Oeynhausen geworden; dieses wurde 1941 aus nicht näher bekannten Gründen beschlagnahmt und nach dem Zweiten Weltkrieg nicht restituiert. Waas erhielt auch keine anderweitige Entschädigung. Er lebte in ärmlichen Verhältnissen in einer Mansardenwohnung eines der Stadt gehörenden Mehrfamilienhauses. Gönner in Bad Oeynhausen und vor allem sein Züricher Freundeskreis, zu dem Mitglieder der einflussreichen Familie Bühler auf Schloss Berg am Irchel gehörten, unterstützten ihn. Im Schloss Berg war auch Jahre zuvor Rainer Maria Rilke ein halbes Jahr zu Gast gewesen. Auch Bundespräsident Theodor Heuss setzte sich für Waas ein.

Eine Geste berührte seine Freunde in Berlin und in Zürich: Auf der Reise von Bad Oeynhausen nach Riezlern im Kleinwalsertal schrieb Waas in der Nacht auf den 27. November 1963 das *Requiem für John F. Kennedy*. Das Manuskript ließ der seinerzeitige Regierende Bürgermeister von Berlin, Willy Brandt, der Witwe des ermordeten Präsidenten als Weihnachtsgabe übermitteln. Jacqueline Kennedy und Senator Robert Kennedy dankten: »Diese Anerkennung für den Präsidenten ist eine tiefe Würdigung – auch für mich und alle Glieder meiner Familie.«

Der Vortrag *Einsamkeit des Alters*, den Johannes Baptist Waas 1970 auf Einladung der FAG Kugelfischer hielt, gab die Anregung für die humanitäre und kulturelle Altersbetreuung in den deutschsprachigen Ländern. In den letzten Lebensjahrzehnten bemühte sich Waas um eine Gesamtausgabe seines Lebenswerks *Die drei Bücher der Jahrhundertwende*. Er stellte sie unter das Motto *Eines armen Lebens reiche Frucht*.

W.K.

Joseph Buck

*Fürstenfeldbruck
5. Oktober 1904
† 19. Oktober 1977 München

Joseph Buck wurde 1904 als Sohn einer Handwerkerfamilie in Fürstenfeldbruck geboren. Dort verbrachte er auch Jahrzehnte seines Lebens. Das Elternhaus stand in der Nähe der Leonhardikirche in der Münchner Straße. Nach dem Abitur 1922 studierte er Volkswirtschaftslehre in München und schloss mit der Promotion ab. Seinen Unterhalt verdiente er sich während des Studiums bereits durch kleine schriftstellerische Arbeiten für Zeitungen. Nach dem Studium lebte er weiterhin zunächst in München und arbeitete als Statistiker bei der Gewerbekrankenkasse in München. 1943 übersiedelte er mit seiner Familie wegen der

Ausgewählte Werke:
Alte deutsche Handwerksweisheit, 1949
Im Zirkelschlag, 1953
Der Schwan und die Möwe, 1962
Und immer glüht ein Funke, 1967
Schach als Schicksal, 1973
Die Kumuluswolke und der Sonnenstrahl, 1977

Bombenangriffe von München nach Fürstenfeldbruck und wohnte in der Ferdinand-Miller-Straße 4. Er nahm eine Stelle beim Landratsamt Fürstenfeldbruck an und wechselte schließlich zum Statistischen Landesamt in München.

Seit 1951 lebte er in München/Pasing in seinem eigenen Reihenhaus, wo ihm erstmals eine eigene kleine Schreibstube im Dachgeschoss zur Verfügung stand. Seit dem 20. Lebensjahr schrieb Joseph Buck seine Gedanken, Erlebnisse und Empfindungen nieder. Seine literarischen Formen waren Prosa und Lyrik, wobei er sich stark an seinen Vorbildern Ludwig Thoma, Eugen Roth und Karl Valentin orientierte. Obwohl sein Werk reine Liebhaberei war und ihm keine Gewinne brachte, erfreuten sich seine Geschichten und Gedichte bei vielen Fürstenfeldbruckern großer Beliebtheit.

Neben Gedichtbänden wie *Im Zirkelschlag* (1953) und *Und immer glüht ein Funke* (1967) verfasste er auch Fabeln und historische Erzählungen. In seinem Buch *Schach als Schicksal* schildert er in Dialogform spannende und menschlich ansprechende Geschichten über das Schachspiel, in dem große Staatsmänner und Herrscher wie Friedrich der Große oder Kaiser Ludwig der Bayer sowie Napoleon I. als Protagonisten vorkommen.

Sein letztes Buch, vor dessen Erscheinen der Autor 1977 starb, erschien unter dem Titel *Die Kumuluswolke und der Sonnenstrahl* und bietet spannende und heitere Erzählungen sowie Augenblicksbilder, in denen eine bemerkenswerte Beobachtungsgabe und die starke Verbundenheit des Autors mit seinem Heimatort Fürstenfeldbruck zum Ausdruck kommen.

Joseph Bucks Werk ist nicht zuletzt von regionalhistorischem Interesse.

A.M.

Hermann Well

*Menghofen/Niederbayern
2. Januar 1913
†1. Februar 1996 Grunertshofen

Hermann Well lebte und arbeitete seit 1954 in Günzlhofen im Landkreis Fürstenfeldbruck, wo er 25 Jahre als Rektor der Hauptschule tätig war. Mit seiner auf 17 Köpfe anwachsenden Großfamilie wohnte er in der Lehrerwohnung des alten Schulhauses.[159]
Obwohl die Familie Well heute hauptsächlich als Musikerfamilie bekannt ist, gilt Hermann Well auch als wichtigster Autor der Mundartdichtung im Lechrainer Dialekt. Bedeutend war seine Förderung und Pflege der Volksmusik und des Theaterspiels in der Schule. Seine kleinen Theaterstücke und das Krippenspiel *Grüaß di Gott,*

Ausgewählte Werke:
Staub sollst du fressen, Herr Schulrat!, o.J.
Leid gibbs!!, 1980
Herbstgedanken, 1988

Christkindl wurden auch öffentlich aufgeführt. Hier kamen seine Kinder – immerhin 15 an der Zahl – zum Einsatz. Jedes Kind wurde beteiligt und bekam einen Text zu sprechen. Die einzelnen Programmteile verband der vielseitige Lehrer mit eigenen Gedichten und kurzen Szenen in Lechrainer Mundart.[160] Heute noch wird das Krippenspiel erfolgreich von Kindern der Familie aufgeführt – inzwischen von den Enkelkindern des Hermann Well.[161]

An seine Zeiten als Dorfschullehrer erinnert er sich in dem Büchlein *Staub sollst du fressen, Herr Schulrat!*. Dieses Erstlingswerk beinhaltet zehn heitere Kurzspiele aus der Schule, die der Autor aus kleinen, irgendwann mal gehörten Geschichten zusammensetzte.

In seinem 1980 erschienenen Buch *Leid gibbs!!* versammelte Hermann Well Gedichte, kurze Szenen und Zwiegespräche aus dem dörflichen Leben. Seine genaue Kenntnis der verschiedenen Ausformungen der altbairischen Mundarten wird in der Vorbemerkung zu diesem Buch deutlich. Well weist darauf hin, dass seine Textbeiträge in der Aichacher Form der Lechrainer Mundart geschrieben sind, und gibt Beispiele an, wie diese in »eine allgemein verständliche Abart der altbairischen Mundart ›übersetzt‹ werden« können, z.B. »Leid gibbs – Leit gibt's«. Zu seinem 75. Geburtstag gaben seine Kinder – darunter Christoph, Michael und Hans Well von der »Biermösl-Blosn« und die »Wellküren« Veronika, Notburga und Monika Well – den Gedichtband *Herbststurm* heraus. Illustriert wurde das Büchlein von dem Fürstenfeldbrucker Maler Guido Zingerl.

A.M.

Horst Tomayer
Kleine Selbstauskunft in eigner Sache (mit Verlaub)

*Asch (CSR) am 1. November 1938

Geboren am 1. November 1938 als Einzelkind der Textilarbeiterin Berta und des Sattler- und Polsterhandwerkers Fritz T. in Asch in der von Nazideutschland okkupierten CSR. Im Frühjahr 1946 auf Beschluss der Antihitlerkoalition und des Dekrets Staatspräsident Beneš' der CSR verwiesen. Liebevoll eingeheimatet vom vertriebenenfreundlichen Landkreis Fürstenfeldbruck. Besuch der Zwergschule zu Wildenroth (1. Preis für den Aufsatz über den Schulausflug kurz vor der Währungsreform an den Chiemsee) und der Oberrealschule zu Fürstenfeldbruck. 1952 Bayerns jüngster Versicherungskaufmannslehrling aller Zeiten. Fußball-Links außen bei der SpVgg Wildenroth. Erste schriftstellerische Erfahrungen als Vizevorsitzender der »Pazifistischen Landjugend Oberbayerns« (PAZLJO) und Autor der »Fürstenfeldbrucker Blätter für Frieden durch Abrüstung und Verständigung«. Ende der fünfziger Jahre zusammen mit dem Allroundartisten Wieland Sternagel »Versuche zur Revolutionierung des Faschingswesens« (in Hedi Wargaus Café »Rodelbahn«). 1961 auf Einladung von Sturm und Drang Emigration nach Westberlin. Dort Gammler und Pflastermaler (sowie Ehemann und Vati). 1965 Texter und Theatersouffleur von Wolfgang Neuss

Ausgewählte Werke:

Tomayers Deutsche Gespräche (u.a. alias Luis Trenker mit Ernst Jünger), Vorwort von Dieter Hildebrandt, Konkret Literatur Verlag, Hamburg 1984

Hirnverbranntes und Feinziseliertes (Tomayers Poesie- und Prosa-Armageddon), illustriert von Ernst Kahl, Zinnober Verlag, Hamburg 1987

Tomayers ehrliches Tagebuch (1996 – 1988), Konkret Texte 11, KVV »konkret«, Hamburg 1996

German Poems, illustriert von Ernst Kahl, Edition Nautilus, jetzt bei Zweitausendeins, Hamburg 1999

Seit Jahren auf Lesereise im *Gemischten Doppel (Dichtung und Dosenbier/ Wahrheit und Wasser)* mit Hermann L. Gremliza

Filmographie:

Tomayer fährt weiter (mit dem Fahrrad 1200 km die BRD/DDR-Grenze längs), Känguruh-Film Berlin/WDR, 45 Min., 1978

Die Märzakte (als Betriebsprüfer in Peter Gehrigs Dokumentation über den Verleger Jörg Schröder), BR, 90 Min., 1984

Gastauftritte in allen Otto-Waalkes-Filmen; in H.C. Blumenbergs *Rotwang muß weg* und *Planet der Kannibalen*; in Hanns-Christian Müller/Gerhard Polts *Fast wie im richtigen Leben* und *Kehraus*; in Helmut Dietls *Kir Royal*

TV-Seriendarsteller: als Oberstudienrat Dr. Thormaier in *Ein Bayer auf Rügen*, und als Amtstierarzt Dr. Rufus Binder in *Tierarzt Dr. Engel*

In Vorbereitung: *Mit Elvis Presley im Toteisloch* (eine Kindheit in Wildenroth)

(»Neuss' Testament«, nach Villon, am Kudamm). 1970 (zusammen mit Stefan »Spiegel«-Aust) Punkkolumnist bei den »St. Pauli Nachrichten«. 1973 bis 1978 Redakteur beim »Berliner Extra-Dienst«. Seit 1974 Mitarbeiter bei »Konkret« (seit 1986 dortselbst »Tomayers ehrliches Tagebuch«). Wiewohl atheistischer sowie antikapitalistischer Internationalist begreife ich mich last not least aufgrund von Hauseigentum in 82284 sowie enormer Empathie zu den Buschwindröschen in den Auen am Oberlauf der Amper als FFB-Heimatschriftsteller.

Sepp Raith

*Nassenhausen
(Landkreis Fürstenfeldbruck)
4. April 1949

Sepp Raith ist Poet, Schreiber, Sänger und Verleger. Schon als 16-jähriger – während der Fahrt in die Schule, von Nannhofen nach Freising – schrieb er die ersten Gedichte. Statt wie die anderen Schüler Hausaufgaben zu machen, schaute er aus dem Zugfenster und dichtete. Nach Abitur und Studium unterrichtete er mehrere Jahre als Gymnasiallehrer die Fächer Deutsch, Geschichte und Sozialkunde. Mit 28 Jahren verzichtete er schließlich auf seinen Beruf als Lehrer und konzentrierte sich auf die Kunst des Schreibens. 1982 gründete er den Allraith-Verlag in Nassenhausen, in dem seither zahlreiche Werke von Schriftstellern aus dem Landkreis Fürstenfeldbruck erschienen sind.

Vor allem seine lustigen Kinderbücher stecken voller Überraschungen und erzählen Geschichten über eine Welt, die nicht immer ganz heil ist. Den Kindern wird aber stets ein Weg gezeigt, wie sich diese unvollkommene Welt ändern lässt, wenn man nur will und richtig mit ihr umgeht. Die Bücher sind mit schwarz-weißen Federzeichnungen des Autors illustriert. Die Zeichnungen regen die Phantasie an und laden zum Ausmalen ein.

Als Transportmittel für seine Texte

Ausgewählte Werke:
Lieder und Gedichte, 1982
Der Simpel-Pimpel, Bilderbuch, 1983
Der Xorandottl, Bilderbuch, 1991
Der Quadrodulli, Bilderbuch, 1995
I muaß raus!, CD, 1992
Aufbegehren erfolgt Kopfverlust, CD, o.J.

nutzt Sepp Raith auch die Musik. 20 Jahre lang trat er als Sänger und Gitarrist alleine auf. Seit Januar 2003 ist er zusammen mit Otto Göttler auf Tournee. Seinen eigenen Worten nach passt die Melodie zwar manchmal nicht zum Text, dieser Gegensatz wird aber bewusst genutzt und erzeugt Aufmerksamkeit. Die Ideen für ihre »anarchistischen Texte« finden die beiden Künstler im Alltag, sie ziehen ihre eigenen Schlüsse aus aktuellen Ereignissen und Medienberichten. Auf der Bühne wird vor allem improvisiert. Mittlerweile wohnt Sepp Raith mit seiner Familie in Kaltenberg.

A.M.

Bernd Späth

* Fürstenfeldbruck
9. Dezember 1950

Ausgewählte Werke:
Seitenstechen, Roman, 1981
Robbenfraß, Arktis-Roman, 1992
Kaltes Fleisch, Arktis-Roman, 1994
Trümmerkind, Roman, 2002

Niedrige Mieten, günstige Baulandpreise: Die meisten zeitgenössischen Autoren leben aus profanen Gründen im Landkreis. Nur selten spielt ihr Wohnort eine wichtige Rolle im literarischen Schaffen. Bernd Späth dagegen ist in Fürstenfeldbruck aufgewachsen, als Sohn eines Bäckers. Und er hat die Stadt, in der er seine Jugend verbrachte, ausdrücklich zum Schauplatz eines Romans gemacht. *Trümmerkind* (2002) ist Band eins einer geplanten Trilogie, und die Titel der noch ungeschriebenen Bände lassen vermuten, dass die Stadt auch bei diesen nicht sonderlich gut wegkommen wird: *Über das Glück der Depperten* (Thema: menschenverachtender Umgang mit Behinderten) sowie *Tod und Ergeilung* (Thema: scheinheiliger Umgang mit Sexualität).

Ein Nachkriegs-Fürstenfeldbruck »zwischen Hitler-Sehnsucht, Antisemitismus, Verdrängung, Bigotterie und steter Gewaltbereitschaft« (Späth) wird in *Trümmerkind* aus der Perspektive eines Heranwachsenden geschildert. »Gäbe es einen Giftschrank des Heimatromans, so stünde *Trümmerkind* darin ein Ehrenplatz zu«, würdigte die »Süd- deutsche Zeitung« die autobiografische Schilderung repressiver Kleinstadtatmosphäre in den Fünfzigern und Sechzigern aus der Sicht von Späths literarischem Alter Ego Wolf Achinger.

Bei einer Lesung im Kulturforum Fürstenfeld unter dem Motto, »Der schaamt si wieder gar net« wurde Späth einerseits gefeiert als einer, der sagt, wie es damals war, andererseits als Nestbeschmutzer beschimpft wird. Forderungen nach Stadtverbot und Bücherverbrennung bestätigten Späths These, dass Nestbeschmutzung nötig ist, solange man es mit »unverarbeitetem braunem Denken« und einem »pathologischen Bedürfnis, gut dazustehen« zu tun hat.

Wäre der Schlüsselroman zur Nachkriegszeit in Bayern (die Amperstadt als Pars pro toto) auf literarischer statt ideologischer Ebene gewürdigt worden, hätte man Späth wohl eher Hang zu Stilblüten, Inkonsequenz im Umgang mit der Erzählperspektive, verquaste Reflexionen über Suff und Selbstmord oder klischeehafte Erotikschilderungen vorgeworfen. Gewagt deshalb so manche Vergleiche mit Hans Fallada (Abendzeitung), Oskar Maria Graf (ZDF) oder gar der *Blechtrommel* (Landbote Winterthur).

Als der gelernte Jurist und Werbefachmann Bernd Späth 1981 seinen ersten Roman *Seitenstechen* veröffentlichte, lebte er schon seit sieben Jahren in Bonn. Die Satire über eine männliche Schwangerschaft wurde mit Thomas Gottschalk, Susanne Uhlen und Mike Krüger in der Rolle des Studenten mit dem sich seltsam rundenden Bauch erfolgreich verfilmt. In den 90er Jahren folgten zwei Arktis-Romane, in denen Späth die abenteuerlichen Erfahrungen mehrerer Spitzbergen-Aufenthalte verarbeitete und ein gar männlich Hohelied auf die Freiheit fern jeder Zivilisation sang.

Unter seinen diversen Theaterstücken war insbesondere die rabenschwarze Komödie *Die Hinrichtung* erfolgreich: Fernsehaufzeichnung, 65 Vorstellungen am Landestheater für Vorarlberg in Bregenz. Bei der teils hitzig geführten Debatte um den geeignetsten Autor für ein Fürstenfeldbrucker Historienspiel ging man dennoch auf Nummer sicher und entschied sich für den jeglicher »Nestbeschmutzung« unverdächtigen Vorschlag des Fördervereins. Allem Unbill zum Trotz zieht Späth samt Frau und Sohn zurück in den Landkreis Fürstenfeldbruck nach Mammendorf.

K.v.S.

Literatur

Danès, Jean-Pierre: De Kafka à Schweik. Etudes. Versailles 1989

Ehrmann, Angelika (Hg.): In Tal und Einsamkeit – 725 Jahre Kloster Fürstenfeld, 2 Bde. Fürstenfeldbruck 1988

Euler, Friederike: Der Regisseur und Schauspielerpädagoge Otto Falckenberg. München 1976

Glaser, Hubert (Hg.): Beiträge zur Bayerischen Geschichte und Kunst 1180–1350. 1980

Goepfert, Günter: Das Schicksal der Lena Christ. München 1989

Groß, Jakob: Chronik von Fürstenfeldbruck. Fürstenfeldbruck 1877

Hoffmann, Volker (Hg.): Ausgewählte Werke des »Simplicissimus«-Dichters Hans Erich Blaich – Dr. Owlglass. Kirchheim/Teck 1981

Kampmann-Carossa, Eva: Hans Carossa: Leben und Werk in Bildern und Texten. 1993

Kindlers Neues Literaturlexikon, hrsg. von Walter Jens. München 1989–1992

Klemenz, Birgitta: Das Zisterzienserkloster Fürstenfeld zur Zeit von Abt Martin Dallmayr 1640–1690. Weißenhorn 1997

Kosch[2] = Deutsches Literatur-Lexikon, begr. von Wilhelm Kosch, 2. völlig neu bearbeitete und stark erweiterte Auflage, hrsg. von A. Francke, 4 Bände. 1949–1958

Kosch[3] = Deutsches Literatur-Lexikon, begr. von Wilhelm Kosch, 3. völlig neu bearbeitete Auflage, hrsg. von Heinz Rupp/Hubert Herkommer u.a., Bd. 1 bis 23. Bern-München 1968–2003 (noch nicht abgeschlossen)

Kritisches Lexikon der deutschsprachigen Gegenwartsliteratur (KLG), hrsg. von Heinz Ludwig Arnold. München 1978 (noch nicht abgeschlossen)

Krügel, Christian (Hg.): Landpartie literarisch. München 2003

Lehner, Wolfgang: Die Zisterzienserabtei Fürstenfeld in der Reformationszeit 1496–1623. Weißenhorn 2001

Nöhbauer, Hans F.: Kleine bairische Literaturgeschichte. München 1984

Petzet, Wolfgang: Otto Falckenberg. Mein Leben. Mein Theater. München-Wien-Leipzig 1944

Reinhardstoettner, Karl von: Martinus Balticus. Ein Humanistenleben aus dem sechzehnten Jahrhundert. Bamberg 1890

Rieber, Rupert: Georg Queri. Biografie seiner Schriften. München 1966

Schöller, Rainer: Die Autoren im Landkreisgebiet. In: Busley, Hejo (Hg.): Der Landkreis Fürstenfeldbruck. St. Ottilien 1992

Theobold, Wilhelm: Dr. Owlglass – Arzt und Dichter. Königstein/Ts. 1978

Volland, Eva Maria: Nachwort, in: Lena Christ, *Erinnerungen einer Überflüssigen*. München-Zürich 1992

Wünnenberg, Rolf: Lorenz von Westenrieder. Sein Leben, seine Werke, seine Zeit. Tutzing 1982

Bildnachweis

Dachau, Zweckverband der Dachauer Galerien und Museen: *16*, *76*
Eichenau, Claudia Link-Beyer: *Umschlag*, *143*, *144*
Frankfurt/Main, dpa-Bilderdienste: *19*, *134*
Fürstenfeldbruck, Historischer Verein: *16*, *17*, *74*, *88*
Fürstenfeldbruck, Wolfgang Kleinknecht: *13*, *18*, *42*, *129*, *146*
Fürstenfeldbruck, Ortwin Scheider: *125*
Fürstenfeldbruck, Stadtarchiv: *15*, *71*, *72*, *73*
Fürstenfeldbruck, Stadtmuseum: *Umschlag*, *9*, *11*, *12*, *15*, *15*, *22*, *25*, *26*, *35*, *52*, *58*, *70*, *74*, *84*, *85*, *88*, *104*, *106*, *109*, *110*, *113*, *141*, *148*, *152*
Fürstenfeldbruck, Carmen Voxbrunner: *54*, *56*
Hamburg, Brigitte Friedrich: *Umschlag*, *19*, *131*
Hamburg, Horst Tomayer: *20*, *154*
Kaltenberg, Sepp Raith: *20*, *156*

Maisach, Günther Reger: *18*, *127*
Maisach, Haydar Isik: *19*, *137*
Mamming, Eva Maria Resler: *15*, *150*
München, Bayerische Staatsbibliothek: *12*, *13*, *14*, *28*, *33*, *38*, *62*, *64*, *65*, *68*
München, Deutsches Theatermuseum: *18*, *95*
München, Edda Greif: *15*, *103*, *105*
München, Klaus Kindermann: *19*
München, Münchner Stadtbibliothek Monacensia: *Umschlag*, *16*, *17*, *18*, *80*, *82*, *99*, *101*
München, Isolde Ohlbaum: *139*
München, Wolfgang Pulfer: *Umschlag*, *14*, *60*, *128*
München, Regina Schmeken: *19*
München, Süddeutscher Verlag Bilderdienst: *108*
Saarbrücken, Steinklopfer-Reihe, Bernhard Heinzelmann: *18*, *118*, *120*, *122*
Starnberg, Privatbesitz: *16*, *78*
Wien, Österreichische Nationalbibliothek: *115*

Fußnoten

1 Gemeint ist Bernd Späth.
2 Der aus Freiburg im Breisgau stammende Simon Nusser trat 1638 in das Kloster Fürstenfeld ein, studierte in Ingolstadt Theologie (Immatrikulation am 8. November 1643), war 1651 Sekretär des Abtes Martin Dallmayr, war drei Jahrzehnte Prior in Fürstenfeld, schlug die Würde eines Abtes von Raitenhaslach aus und schrieb neben der Klosterchronik ein Werk mit dem Titel »Narratio«, in dem er die Ereignisse um die Wiederbesiedlung des Klosters Waldsassen durch Fürstenfeld schilderte. Er ist am 20. Mai 1688 in Fürstenfeld gestorben. Vgl. Brigitta Klemenz, *Das Zisterzienserkloster Fürstenfeld zur Zeit von Abt Martin Dallmayr 1640-1690*, Weißenhorn 1997, S. 386.
3 Pater Nivard Christoph, 1627/28 in Bruck geboren, besuchte 1646/47 die Oberklasse des Wilhelmsgymnasiums, war 1690 Superior in Waldsassen. Er wurde am 30. Oktober 1649 in Dillingen und am 29. Oktober 1652 in Ingolstadt immatrikuliert, studierte Theologie und Kirchenrecht, war 1659 Pfarrvikar in Pfaffing-Bruck. Von ihm ist außerdem die lebensvolle Beschreibung der Klostervisitation vom 6. März 1690 *Adspirationes piae ad deum* überliefert, die 1691 entstanden ist. Am Heiligen Abend des Jahres 1693 ist er im Priorat Inchenhofen gestorben. Vgl. Klemenz, S. 357.
4 Der Weltpriester Hieronymus Ziegler war wohl von 1525 an vom Kloster Fürstenfeld installierter Pfarrer, der 1551 wegen seines Bekenntnisses zum Luthertum abtreten musste. Frühmessbenefiziat in der Pfarrei Pfaffing-Bruck war damals Zacharias Weixner, der bereits 1525 mit der lutherischen Lehre in Bekanntschaft kam. Weixner führte einen überaus gastfreundlichen Haushalt. Der spätere erste Biograf Luthers, Johannes Mathesius war ebenfalls sein Gast.
5 Eberhard Graf Fugger nennt in seinem Werk *Kloster Fürstenfeld, eine Wittelsbacher Stiftung und deren Schicksale von 1258 bis 1803* das 28 Seiten starke Büchlein »ein Pamphlet gegen die geistliche und weltliche Autorität«.
6 August Wilhelm von Schlegel (1767–1845), *Über dramatische Kunst und Literatur Bd. 1*, Heidelberg 1809.
7 Papierfabrikanten stellten nur widerwillig Druckpapier her, da sie für Schreibpapier höhere Preise erzielen konnten. Besonders feine Schreibpapiere wurden freilich von jeher aus Basel oder Holland eingeführt.
8 Sie lebte in München in wohlhabenden Verhältnissen und interessierte sich für Kunst und Literatur.
9 Für die Brucker war »der braune Bach« nicht etwa ein Gewässer mit Schmutzfluten, sondern der aus München zugezogene NSDAP-Funktionär Bach, der 1933 im Garten seines Anwesens tot aufgefunden wurde. Die Umstände seines Todes scheinen nie aufgeklärt worden zu sein. Bach wurde in Anwesenheit hoher Parteifunktionäre in München beigesetzt.
10 Vgl. Deutsch-Baltisches Lexikon, Köln 1979, S. 492 f.
11 Emilian hatte insbesondere in der CSU starke Fürsprecher. Sein Bericht *Der phantastische Ritt – Rumäniens Kavallerie an der Seite der Deutschen Wehrmacht im Kampf gegen den Bolschewismus* hat heute noch in nationalkonservativen Kreisen Kultcharakter. In diesem Buch berichtet Emilian über seine Erlebnisse als Rittmeister, der das Kalaraschen-Regiment 2 befehligte. »Rittmeister Emilian schildert in ergreifender Form das bittere Ende, das die rumänischen Soldaten durch Verrat und Staatsstreich im Rücken der Front am 23. August 1944 dazu zwang, ihre Waffen gegen den ehemaligen Verbündeten, die deutschen Soldaten zu richten. Wir erfahren, wie es dem aufrechten Rittmeister und seinen Kalaraschen dennoch

gelang, ihrer Überzeugung treu zu bleiben und bis zur endgültigen Kapitulation den Bolschewismus und die Unfreiheit zu bekämpfen«, ist in einer Werbebroschüre für dieses Buch zu lesen.

12 Leo Brod berichtet in der Erzählung *Familientreffen in Israel* über die verworrenen und selbst für Eingeweihte schwer durchschaubaren Verwandtschaftsverhältnisse der drei Prager Brod-Familien. Wie so viele andere der deutschen Literatur verpflichteten deutschsprachigen Prager Schriftsteller bewunderte Leo Brod zwar die Bemühungen von Max Brod um den Nachlass von Franz Kafka, lehnte aber dessen eigene schriftstellerische Produktion ab.

13 Friedl Brehm, in Ostpreußen geboren, bereitete in diesen Jahren u.a. seine vierteljährlich erscheinende Zeitschrift für Gedichte und zeitgenössische Literatur »Edelgammler« vor, deren erste Ausgabe noch im Herbst 1964 erschien. Sein besonderes Interesse galt der Mundart-Literatur. So pflegte er besonders das Werk von Max Dingler (Weilheim) und gründete 1974 in der Münchner Kleinkunstwirtschaft Fraunhofer den legendären Poetenstammtisch.

14 Fabio Graf Ricciardelli verkehrte in München unter anderem mit Pocci und Kobell, die dem Italiener Gedichte widmeten, mit von der Tann, Leonrod und nahm an den Symposien des Königs mit Geibel, Ranke, Heyse, Bodenstedt, Riehl und Dönniges teil. Vgl. Norbert Hierl-Deronco im Vorwort zu dem von ihm herausgegebenen Fürstenfeld-Gedicht, dessen Autor nicht ermittelt werden konnte.

15 Eberhard Horst ist Erzähler, Biograf, Essayist und Reiseschriftsteller, wurde mehrfach ausgezeichnet, beispielsweise mit dem Premio di Merito und dem Tukan-Preis, er ist Mitglied des PEN und der Europäischen Akademie der Wissenschaften. Horst wirbt in *Der Sultan von Lucera – Friedrich II. und der Islam* für eine Vision des interreligiösen Friedens und der Toleranz.

16 Carl Amery, eigentlich Christian Mayer, wurde 1922 in München geboren. Er gilt als die »andere Stimme Bayerns« und kämpft gegen das von Ludwig Thoma und anderen Schriftstellern gepflanzte Vorurteil, ein bayerischer Schriftsteller müsse »ein erdhafter Typ sein, der eine ziemlich unmittelbare Pipeline zur Steinzeit besitzt und andererseits in jeglicher Hinsicht kaum ein Fenster zur Metaphysik hat«. In seinen Satiren und Romanen stößt er immer wieder ein Fenster zur Metaphysik auf und befindet sich damit in ausgezeichneter Gesellschaft.

17 In Berlin gab er unter dem Pseudonym Heinz Elm-Mann ab 1932 als Nachfolgerin der Zeitschrift »Radikaler Geist« die Publikation »Der Steinklopfer – Ruf der Werktätigen« im mühsamen Handsatz heraus. Im Juli 1932 erschien die erste Jahrgangsnummer. »Weil wir diese Zeitschrift nicht aus literarischem Ehrgeiz herausgeben und überhaupt keine Literaten sind, haben wir darauf verzichtet, uns gleich zu Anfang in einem langen Programm über Aufgabe und Absicht dieser Blätter auszuschleimen«, schrieb Herausgeber Heinzelmann im Editorial und hoffte: »Diese Seiten selbst sollen LEBEN atmen.« Das für 1933 als Doppelnummer geplante zweite Heft konnte nicht mehr erscheinen. Es wurde kurz vor der Fertigstellung von den Nationalsozialisten in der Druckerei vernichtet.

18 Der aus Leipzig stammende Schriftsteller wuchs in Wien auf, meldete sich 1939 freiwillig zur Wehrmacht. In Stalingrad verwundet, arbeitete er in den letzten Kriegsjahren in der Militärverwaltung. Nach dem Zweiten Weltkrieg arbeitete er als Hausierer, Holzfäller, Gerüstbauer und Vertreter, 1949 gründete er eine Werbeagentur, ein Jahr später scheitert sein Plan, nach Venezuela auszuwandern, 1951 verdingt er sich als Dolmetscher bei der amerikanischen Armee in Österreich. Danach eröffnet er in München ein Ingenieurbüro für Elektrotechnik. Er schreibt für »Neues Deutschland« und lässt sich vom Ministerium für Staatssicherheit der DDR anwerben. Danach wurde es

still um Gert Ledig, der sich viele Jahre in London aufhielt und in dieser Zeit als Schriftsteller ganz verstummte. Anfang der 90er Jahre kehrte er nach Deutschland zurück und lebte am Ammersee.
19 *Chronica de gestis principum*, in: Bayerische Chroniken des 14. Jahrhunderts, herausgegeben von Georg Leininger, MGH SS rer. Germ. in us. scol. n. s. 19, Hannover/Leipzig 1918. Über Autor und Werk: Leidinger, ebenda, S. 1-19; Schnith, Karl: *Die Geschichtsschreibung im Herzogtum Bayern unter den ersten Wittelsbachern (1180-1347)*, in: Beiträge zur Bayerischen Geschichte und Kunst 1180-1350, herausgegeben von Hubert Glaser, 1980, S. 359-68.
20 »... casu accidente non procul a claustro nostro de Furstenvelt privati suis equis«, *Chronica de gestis principum*, S. 94.
21 »dicentes se spoliatos in claustro et prope claustrum«, ebenda, S. 96 ff.
22 »Que tamen omnia parvi pendi, cum viderem illos versos in fugam et regem nostrum nobiliter triumphasse«, ebenda, S. 97.
23 Peck: altertümlich für Bäcker.
24 Pistorius: lateinisch für Bäcker.
25 Wolfgang Lehner, *Die Zisterzienserabtei Fürstenfeld in der Reformationszeit 1496-1623*, Weißenhorn 2001, S. 112.
26 Bayerisches Hauptstaatsarchiv, Äußeres Archiv 4096.
27 Chronik des Gerhard Führer, Abschrift im Stadtarchiv Fürstenfeldbruck, S. 132.
28 Vgl. Jakob Groß: *Chronik von Fürstenfeldbruck*, Fürstenfeldbruck 1877, S. 91.
29 *Herrn M. Joh. Mathesii weyl. berühmten und frommen Pfarrers im Joachimsthal Lebensbeschreibung/ so da seine Geburt, Auferziehung, Studia, Beförderung, Tugenden, Ehestand, Priesterlich-Exemplarisches Ende und was sonst zu seinem Lebenswandel gehöret, von einem Mathesischen Nachkommen M. Johann Balthasar Mathesius, Pfarrer in Brockwitz*, Dresden 1705, S. 13.
30 Mathesius, *Lebensbeschreibung*, S. 52 bzw. 55.
31 Ebenda, S. 221.
32 Karl Trautmann: *Italienische Schauspieler am bayrischen Hofe*, In: Karl von Reinhardstoettner/Karl Trautmann (Hg.): Jahrbuch für Münchner Geschichte, 1/1887, S. 193-312, hier: S. 205. Trautmann zitiert selbst nach Scherer.
33 Nach: Chronik von Abt Gerhard Führer, Abschrift Stadtarchiv Fürstenfeldbruck, S. 13.
34 1549, 1551, 1552, 1553, 1554.
35 1555-1559 jedes Jahr.
36 Diese biografischen Angaben aus Karl von Reinhardstoettner, *Martinus Balticus. Ein Humanistenleben aus dem sechzehnten Jahrhundert*, Bamberg 1890, hier: S. 10 ff.
37 Eine Darstellung, dass er sogar mit Ruten aus der Stadt gepeitscht worden sei, ist wohl falsch. B. ist freiwillig und aus voller, eigener Überzeugung gegangen, welche gestärkt wurde, als sich auch seine Gattin im Tode bewusst zu Luthers Lehren bekannte, Reinhardstoettner, S. 42. Womöglich ist auch ein ursprünglich schärferes Urteil durch Münchner Bürger in Verbannung abgemildert worden, da er in München eigentlich hoch angesehen war. Vgl. Theo Herrlein, *Martinus Balticus und seine Zeit. Ein vergessener Münchner Humanist und Poet*, in: Bayerland, 1988/1, S. 72 ff.
38 Zitiert nach Reinhardstoettner, S. 39.
39 Akolythenweihe: höchste der niederen kirchlichen Weihen.
40 zitiert aus: Michel de Montaigne, *Tagebuch einer Badereise*, hrsg. von Georg A. Narciss, Stuttgart 1963, S. 104; vgl. auch: Amperland, Jg 1970/2.
41 Otto Flake, Einleitung, in: Michel de Montaigne, S. 18-19.
42 mixta und simplicia: gemischt und einfach.
43 Eine umfassende Biografie, die alle Aspekte des Theologen, Philosophen, Juristen, Linguisten, Politikers, Diplomaten, Soldaten, Ingenieurs und Architekten Juan Caramuel y Lobkowitz beleuchtet, steht noch aus. In Italien unternahm J. Pastine den Versuch (Pastine: J. Caramuel y Lobkowitz). In Spanien befassten

sich kürzlich Francisco Javier Martin Pliego von der Universität Rey Juan Carlos in Madrid und Jesus Santos del Cerro von der Universität de Castilla, La Mancha mit dem mathematischen Werk Caramuels und gaben eine aufschlussreiche Untersuchung über die mathematischen Schriften, insbesondere über die Kalkulierbarkeit des Zufalls, in den Estadistica Espanolo, Vol. 44. Num. 150 heraus. Für die kunsthistorische Forschung ist eine Arbeit über das Verhältnis von Caramuel zu Gian Lorenzo Bernini und Guarino Guarini zur Geburt des Barock und der Verteidigung der Gotik ein Desiderat.

44 Caramuel setzte dieser Spekulation die Krone auf. Als Beleg führte er einen alten Stammbaum an, der während seines Aufenthalts im Kloster Fürstenfeld »hinter einer alten Bettstatt« (!) gefunden worden sei. Die offensichtliche Geschichtsfälschung, die auf die Spottlust des spanischen Zisterzienserabtes zurückzuführen ist, wurde zwar bei Hofe ernst genommen, von den Jesuiten jedoch gerüffelt. Warum sich Caramuel nicht erdreistet habe, den bairischen Stamm gar von Adam herzuleiten, krittelte der große Jesuitenpoet Balde. Pater Simon Nusser, der ganz offensichtlich die wahre Intention Caramuels kannte, bemerkte dazu: »Das hätte ja Brunerus auch thun können.« (Vgl. Gerard Führer, *Chronicon Fürstenfeldense*, § 223).

45 Vgl. Klemenz, S. 113–117.
46 Das Mirakelbuch wird heute u.a. in der Bayerischen Staatsbibliothek aufbewahrt.
47 Angelika Ehrmann (Hg.) *In Tal und Einsamkeit 725 Jahre Kloster Fürstenfeld* Bd. 1, Fürstenfeldbruck 1988, S. 209.
48 Vgl. Klemenz, S. 32.
49 Ehrmann, Bd. 1, S. 120–121.
50 Vgl. Klemenz, S. 303–307.
51 Klemenz, S. 304.
52 Ehrmann, Bd. 1, S. 319.
53 Klemenz, S. 107.
54 Ehrmann, Bd. 1, S. 318–319.
55 Wilhelm Liebhart, *Fürstenfeld im Zeitalter des Barock (1690–1796)*, in: Ehrmann, Bd. 2, S. 124.
56 Im Alter von etwa elf Jahren wurden Filippo die Hoden amputiert, da er einen sehr schönen Sopran hatte.
57 Ital. für *Leben und Reisen*.
58 Ital. für *Früchte der Welt*.
59 Er war 1715 dort angestellt worden.
60 Die Handschrift *Frutti del Mondo* wird in der Bayerischen Staatsbibliothek München aufbewahrt, die Handschrift *Vita e Viaggi* in der Rossijskaja Gosudarstvennaja Biblioteka Moskau.
61 Christine Wunnicke, *Die Nachtigall des Zaren*, München 2001, S. 12–13.
62 Nach der Kiening-Genealogie wurde Markus Fri(e)dl in Kissing geboren.
63 Habersetzer stammte aus einer Landsberger Ratsherrenfamilie. Er verfügte in seinem Testament, dass ein Teil seines hinterlassenen Vermögens zum Neubau der Pfarrkirche in Moorenweis verwendet werden sollte.
64 Bis 1603 besetzte das Kloster Wessobrunn, größter Grundbesitzer im Ort, die Pfarrei mit eigenen Mönchen. Wegen der besonderen Verhältnisse in Moorenweis – der jeweilige Pfarrer war nicht nur für die Pfarrkirche, sondern auch für die zum Kloster Dießen gehörende St.-Ulrichs-Kirche zuständig – kam es immer wieder zu Reibereien zwischen den Klöstern. Dies wollte man offensichtlich für die Zukunft verhindern, indem Wessobrunn die Moorenweiser Pfarrstelle an Weltpriester vergab.
65 intra limites honestis: lateinisch – in den Grenzen des Anstandes.
66 Im Kompromiss wurde festgelegt, dass Kloster Wessobrunn als Bauherr auftritt, die St.-Ulrichs-Kirche abgetragen, der Ulrichs-Altar aber in die neue Kirche übergeführt wird, Dießen einen Baukostenzuschuss in Höhe von 500 Gulden beizusteuern hat und die übrigen Grundherrn sich an den Kosten im Verhältnis ihres Zehntbezuges beteiligen müssen.
67 In der Moorenweiser Pfarrkirche erinnern zwei an der Brüstung des Oratoriums über der Sakristeitür angebrachte Gemälde an dieses Ereignis. Die Gemälde waren 1842 übertüncht worden und wurden bei

der Renovierung 1992 von Restaurator Dominik Jurek freigelegt. Sie zeigen die Übergabe der Denkschrift an den Papst sowie die Rückkehr des Romreisenden und dessen Begrüßung durch die Bewohner von Moorenweis und die beiden Prälaten von Wessobrunn und Dießen.
68 olla podrida: spanisch für Eintopf.
69 mixta und simplicia: gemischt und einfach.
70 Verlegt bei Gregor Fuirer, Buchbinder, gedruckt von Johann Peter Steiner im Jahr 1753.
71 Verlegt bei Martin Happachs sel. Erben und Consort im Jahr 1732.
72 Karl Förg, *Müßige Stunden bestehend in Gedichten, Satyren und Briefen*, Landshut 1773, Vorbericht, S. 5.
73 Vgl. P. Stephan Schaller, *Rückblick auf 350 Jahre*, in: Passionsspiele Oberammergau 1634-1984, Oberammergau 1984, S. 28-29.
74 Schaller, S. 30.
75 Vgl. Rolf Wünnenberg, *Lorenz von Westenrieder. Sein Leben, seine Werke, seine Zeit*, Tutzing 1982.
76 *Jahrbuch der Menschengeschichte in Baiern* (1782/3), die *Geschichte von Baiern, für die Jugend und das Volk* (als Herausgeber, 1785), der *Baierisch-historische Calender: oder Jahrbuch der merkwürdigsten baierischen Begebenheiten Alter und Neuer Zeiten* (vor 1790), die *Beyträge zur vaterländischen Historie, Geographie, Staatistik und Landwirtschaft, samt einer Uebersicht der schönen Litteratur* (1794), der *Abriß der bayerischen Geschichte* (1798), die *Beyträge zur vaterländischen Historie* (1788-1817), die *Geschichte des Dreißigjährigen Krieges* (1804-06).
77 Das Gedicht wurde in der Wochenschrift »Münchner Jugendfreund« (4/1855) gedruckt, worin ein Text den genauen Hergang des Todes (am 11. Oktober 1347), den Rücktransport ins Kloster und die Überbringung der Gebeine (ohne das Herz, das in Fürstenfeld blieb) nach München, die Aufstellung des Denkmals von Roman Boos trotz Auflösung des Klosters beschreibt. Am Ende wird Ludwigs Gestalt und Regierung gewürdigt. Der Text selbst gibt keinen Verfasser an (lediglich das nachfolgende Gedicht: von Pocci), es erscheint aber eher unwahrscheinlich, dass er von ihm selbst stammt.
78 Karl Fuchs, *Martin Greif*, Wien 1900, S. 3.
79 Greifs Werke sind gesammelt in: *Greif, Gesammelte Werke*, 5 Bde., Leipzig 1909-1912.
80 Schon um 1900 beurteilte Martin Möbius es als »Wunder«, dass aus »diesem hilflosen und geschwätzigen Reimer« einige der schönsten Lieder der deutschen Sprache hervorgegangen seien. Vgl. Martin Möbius, *Steckbriefe erlassen hinter dreißig literarischen Uebelthätern gemein gefährlicher Natur* (Karikaturen von Bruno Paul) Berlin/Leipzig 1900, S. 59.
81 Ab der 3. Auflage erschienen als: Franz Zwinck, der Lüftlmaler von Oberammergau.
82 Freundliche Auskunft von Fritz Zeitler. In Antiquariaten werden diese Bilderbücher mit ihren reizenden Ziehbildern sehr teuer gehandelt.
83 Vgl. Robert Weinzierl, Ferdinand Feldigl. Ein Mann, der unvergleichlich viel geleistet hat. In: Rathausreport Jg. 18/Mai 2003, Nr. 208, S. 22-24.
84 Als offiziellen Grund gab er eine Erkrankung an.
85 »Und da beide einerlei Geblüts sind, Land und Volk von Kindertagen her kennen und immer mit ihm und in ihm gelebt, nie bloß literatenhaft an ihm herumgerochen haben, zeigt auch ihre Einstellung zu ihm, ihre humorige Art, Menschen und Begebnisse zu gestalten, manche verwandten, stammeseigentümlichen Züge.« (aus dem Vorwort zu *Von Papst Urban IV. bis zur Schallhammer Kathl*).
86 Freundlicher Hinweis des Gemeindearchivars Thomas Stangelmaier aus Grafrath.
87 Barbara Brückner, *Alt-Bruck als Illustration zu Ludwig Thomas »Heilige Nacht«*, in: Amperland, Jg. 1968/1, S. 1.

[88] *Heilige Nacht. Eine Weihnachtslegende*, in: Kindlers Literaturlexikon im dtv, Bd. 10, S. 4331.
[89] Brückner, S. 1.
[90] 1918 sollte er bei der »Jugend« kurzzeitig Redakteur sein.
[91] Hans F. Nöhbauer, *Kleine bairische Literaturgeschichte*, München 1984, S. 222 bis 224.
[92] Aufführung in der Vertonung des Starnberger Komponisten Heinrich Gerstetter: Der Intendant des Gärtnerplatz-Theaters in München hatte das Stück zuvor abgelehnt (Hinweis aus Stadtarchiv Starnberg).
[93] Die meisten biografischen Angaben wurden uns freundlicherweise vom Stadtarchiv Starnberg zur Verfügung gestellt.
[94] Ab 1934 nennt er sich Peter Benedix. 1940 erscheint sein Roman *Der Weg der Lena Christ*. Sein Hauptwerk *Auf der Landstraße* erschien in Wien 1942.
[95] Asta Scheib, *In den Gärten des Herzens. Die Leidenschaft der Lena Christ*, Hamburg 2002, S. 411.
[96] Günter Goepfert, *Das Schicksal der Lena Christ*, München 1989, S. 68 ff.
[97] Vermutlich Tuberkulose.
[98] Goepfert, Umschlagtext.
[99] Scheib, Anhang, S. 415.
[100] Eva Maria Volland, Nachwort, in: Lena Christ, *Erinnerungen einer Überflüssigen*, München-Zürich 1992, S. 253.
[101] Hans Ernst, Die Hand am Pflug, Rosenheim, 1973, S. 107.
[102] Volker Hoffmann (Hg.), *Ausgewählte Werke des »Simplicissimus«-Dichters Hans Erich Blaich – Dr. Owlglass*, Kirchheim/Teck 1981, S. 9.
[103] Vgl. Manfred Bosch, *Ein Gedenkblatt auf Dr. Owlglass (Hans Erich Blaich) aus Anlass seiner »Ausgewählten Werke«*, in: Amperland 1983/3, S. 476.
[104] Ab 1918 übersiedelte das Ehepaar in die Angerstr. 29.
[105] Englisch, vielleicht auch niederdeutsch für Dr. Eulenspiegel, Pseudonym seit 1895.
[106] Weiteres Pseudonym nach dem mythischen Eichhörnchen in dem Sagenepos Edda.
[107] Wilhelm Theobold, *Dr. Owlglass – Arzt und Dichter*, Königstein/Ts. 1978, S. 8.
[108] Theopold, S. 21.
[109] Hoffmann, S. 293.
[110] Brief an Kurt Tucholsky 1914, veröffentlicht in den *Ausgewählten Werken*.
[111] Vgl. Theobold, S. 11.
[112] Vgl. Ina Kuegler, *Aufgehörter Briefwechsel*, in: Süddeutsche Zeitung/Landkreis Fürstenfeldbruck vom 13./14. Januar 1990.
[113] Tagebucheintrag vom 23. April 1921: »Besuch von Michael Kohlhaas, der ein Manuskript bringt. Gespräch über die politische Lage und die sozialdemokratische Position.«
[114] Dr. Hermann Reuss war praktischer Arzt und lebte in der Schöngeisinger Str. 36.
[115] Bosch, S. 477.
[116] Tagebucheintrag vom 6. Februar 1919: »Schmökernd zuhause bis auf einen kleinen Gang durchs Nest.«
[117] Bosch, S. 477.
[118] Bosch, S. 477.
[119] Vgl. Lebenslauf im Nachlass »Hans Erich Blaich« im Deutschen Literaturarchiv Marbach am Neckar.
[120] Seine Arztpraxis hatte er bereits 1931 endgültig aufgegeben.
[121] Hoffmann, S. 18.
[122] Brief an Rechtsanwalt Dr. Maximilian Brantl vom 21. Dezember 1943 (Nachlass »Hans Erich Blaich« im Deutschen Literaturarchiv Marbach am Neckar).
[123] Lion Feuchtwanger in *Rheinische Thalia*, 14. Mai 1922.
[124] Einwohnermeldeakten aus dieser Zeit sind in der Gemeinde Grafrath nicht auffindbar.
[125] Waldemar Bonsels, handschriftlicher Brief an Schede, Grafrath 1915, Gemeindearchiv Grafrath.
[126] Kindlers neues Literaturlexikon Bd. 2, 1989.
[127] Waldemar Bonsels, Brief an Schede, Grafrath 28. November 1917, Gemeindearchiv Grafrath.
[128] Florian Oberhuber, *Vagabundische Mobilität. Über den Reiz der ziellosen Zielstrebigkeit*, in: sinn-haft, Zeitschrift für

Kulturwissenschaft 8/10/2000, *www.sinn-haft.at*.
[129] Zeitungsartikel in den »Brucker Nachrichten« vom 13. Februar 1953.
[130] Maschinengeschriebener Lebenslauf von Else Wibel, mit freundlicher Erlaubnis ihrer Enkelin Edda Greif.
[131] Zeitungsartikel in den »Brucker Nachrichten« vom 13. Februar 1953.
[132] Freundliche Auskunft von Edda Greif.
[133] Deutsches Literatur-Lexikon, begr. von Wilhelm Kosch, 3. völlig neu bearbeitete Auflage, hrsg. von Heinz Rupp, Bd. 3, 1971.
[134] Der Roman kam 1950 im Münchner Verlag Kurt Desch unter dem Titel *Verklungene Tage* heraus.
[135] Vgl. Dirk Heisserer, *Arnold Zweig*, in: Christian Krügel (Hg.), *Landpartie literarisch*, München 2003, S. 55–61.
[136] Arnold Zweig war der Sohn eines Sattlermeisters, er studierte in Breslau, München, Berlin, Rostock und Tübingen.
[137] Brief an Alfred Döblin vom 28. August 1952 (Deutsches Literaturarchiv Marbach am Neckar).
[138] Erschienen in Prag 1967.
[139] Erschienen 1966 in Stuttgart.
[140] Zu Beginn des 19. Jahrhunderts sah Prag einer deutschen Stadt zum Verwechseln ähnlich. Alle Eliten kommunizierten und schrieben in der deutschen Sprache, lediglich das Dienstpersonal und einige Handwerker sprachen tschechisch. Ein Jahrhundert später hatte sich das Gesicht Prags grundlegend gewandelt. Mit der Entstehung der Vorstädte, in denen sich die Industrie ansiedelte, war die deutsche Sprachgruppe zu einer kleinen Minderheit herabgesunken, um so mehr, als sie auch in absoluten Zahlen ständig schrumpfte; 42 000 Personen oder 15 Prozent im Jahr 1880, 34 000 Personen oder 7,5 Prozent im Jahr 1900. Von dieser deutschen Sprachgruppe waren 40 Prozent Juden. Deren nationale Zuordnung wiederum variierte von einer Volkszählung zur anderen. Man verlangte von ihnen die Angabe nicht der Mutter-, sondern der Umgangssprache, und immer mehr kreuzten hier das Tschechische an. Vgl. Jean-Pierre Danès *De Kafka à Schweik. Etudes*, Versailles 1989.
[141] Von Peter Demetz, der vor einigen Monaten in einer deutschsprachigen Sendung des Prager Rundfunks eine Aufsehen erregende Rede zu den Beneš-Dekreten hielt, ist kürzlich die romanähnlich aufbereitete historische Recherche *Die Flugschau von Brescia – Kafka, d'Annunzio und die Männer, die vom Himmel fielen* erschienen.
[142] Im zweiten Bereich dieser Ausstellung, der den gesellschaftlichen und sozialen Verbindungen der Bevölkerungsgruppen in Prag und der Tschechoslowakei gewidmet ist, findet sich auch der Stammbaum der jüdischen, tschechischen und deutschen Familie Leo Brods, der deutlich macht, dass die nationalen und kulturellen Verschränkungen in den böhmischen Ländern bis in den kleinsten Teil der Gesellschaft, die Familie, vorgedrungen waren. In diesen Familien, in der die Sprache der Mutter oft nicht die eigene »Muttersprache« war, war die Beantwortung der Leitfrage der Ausstellung »Wo ist meine Heimat?« nicht immer leicht.
[143] Eine vollständige Bibliografie der Publikationen des Werktat- und Steinklopfer-Verlags sowie aller sonstigen Drucke Paul Heinzelmanns wird erscheinen in Albert Spindler (Hg.): *Typen. Deutschsprachige Pressendrucke*. Zeitlich erweiterte Neuausgabe (in Vorbereitung).
[144] Heinz Elm-Mann: *selBstbefleckung*. Berlin 1929, S. 1.
[145] Aus dem Kriegsgerichtsurteil.
[146] In den 20er Jahren ist er in Berlin Mitglied der Kommunistischen Arbeiter-Partei (KAPD).
[147] Arno Reinfrank, *Paul Heinzelmann in memoriam*, in: Peter Heinzelmann (Hg.): *Weil wir selber die Unruhe sind*, 1988, S. 15.
[148] Egbert Hoehl, Bücher aus dem Steinklopfer-Verlag, in: Die Liga Nr. 9, 1960.
[149] Die erste Auflage dieser Kriegsverse

1915–1918 war 1933 in der Druckerei vernichtet worden.
150 Siegfried Schwerdtfeger: *Der Schwabinger Komma-Klub*, in: Münchner Stadtanzeiger, 10. April 1970.
151 Wolfgang Baranowsky, *Privater Feldzug gegen den Krieg. Der Verlag des Pazifisten Paul Heinzelmann*, in: Wochenzeitung – Stimme des Friedens, Nr. 35, 1958.
152 Leo Santifallers (1890–1974) Forschungsschwerpunkt waren die Papsturkunden des Mittelalters.
153 Maria Christina gen. Maria Ditha Santifaller (1904–1978) erhielt 1974 für ihre Forschungen zu Tiepolo die Ehrendoktorwürde der Universität Würzburg. Sie war selbst auch schriftstellerisch tätig.
154 Die Einbrüche wurden nie aufgeklärt. Bei den polizeilichen Ermittlungen verwickelte sich der hochbetagte Pius Santifaller in Widersprüche. Am Tag seiner Beerdigung wurde Santifallers Wohnung von Unbekannten gewaltsam geöffnet. Damals verschwanden zahlreiche Manuskripte und persönliche Papiere.
155 Otto Zierer, geb. am 8. Mai 1909 in Bamberg, gestorben am 15. März 1983 in Gröbenzell, hatte Wohnsitze in Gröbenzell und in Monte Molar/Spanien.
156 Fürstenfeldbrucker Wochenblatt vom 14. November 1932.
157 Oskar Loerke wurde am 13. März 1884 in Jungen bei Marienwerder geboren und starb am 24. Februar 1941 in Berlin. Er wirkte anregend für die moderne Lyrik. Wichtigste Werke: *Die heimliche Stadt* 1921, *Der längste Tag* 1926, *Pansmusik* 1929 und *Atem der Erde* 1930.
158 Victor Otto Stomps (1897–1970) wurde von seinen Freunden kurz VauO genannt. Er gilt als Vater der Kleinverlage und Minipressen. In seiner Person vereinigten sich die Traditionen des Selbstverlags wie auch der Privatpressen. Seine Ideen von Literatur und Buchgestaltung verwirklichte er hauptsächlich in drei Verlagen. 1925 erwarb Stomps seine erste gebrauchte Tiegelpresse und druckte in Berlin-Friedenau mit zwei Freunden im Handbetrieb *Lyrik in schmalen Heften*. Das war der Ursprung des Verlags Rabenpresse. Die Rabenpresse war Anfang der 30er Jahre der Verlag, um den sich die jungen Dichter sammelten. Stomps setzte sich in einem politisch immer brisanter werdenden Klima bis hin zur Gefährdung seiner eigenen Person für seine Autoren ein. 1939 wurde der Verlag von den Nationalsozialisten geschlossen, nicht zuletzt auch wegen der dort von Waas erschienenen Gedichtbände. Waas' Schauspiel *Johannes und Michael* – noch 1939 erschienen – wurde verboten, die bereits gedruckten Exemplare beschlagnahmt und eingestampft.
159 Toni Drexler, *Die Well-Familie*, in: *Musik in Dachau*, Hg.: Josef Focht/Ursula K. Nauderer, Dachau 2002, S. 165.
160 Drexler, S. 166.
161 Es gibt auch eine Veröffentlichung auf CD und ein dazugehöriges Lieder- und Textbuch.